AF154082

WHP SYSTEM

FSC
www.fsc.org

MIX

Papier aus ver-
antwortungsvollen
Quellen
Paper from
responsible sources

FSC® C105338

MARKUS BEUTER

WHP SYSTEM

POWERLIFTING
TRAINING 3.0

Disclaimer

Sportwissenschaftliche und evidenzbasierte Erkenntnisse sind einem ständigen Wandel unterworfen. Der Inhalt dieses Buches wurde vom Autor auf der Grundlage zuverlässiger Quellen zum Zeitpunkt der Veröffentlichung erstellt. Vor der Durchführung der in diesem Buch beschriebenen körperlichen Aktivitäten sollte ein Arzt konsultiert werden. Alle Ratschläge in diesem Buch ersetzen nicht die präventive Beratung durch einen approbierten Mediziner oder Physiotherapeuten. Wer sich entschließt, schwere Gewichte mit den Händen zu heben, zu drücken oder auf dem Rücken zu beugen, sollte sich vorher ärztlich untersuchen lassen. Gegebenenfalls ist auch ein psychologisches Gutachten über die eigene psychische Verfassung einzuholen, da hier ziemlich verrückte Dinge mit Hanteln gemacht werden.

Copyright

Ohne schriftliche Genehmigung seitens des Autors darf der Inhalt dieses Buches in keiner Form reproduziert oder unter Verwendung elektronischer Systeme verarbeitet, vervielfältigt oder verbreitet werden. Ich glaube, wir verstehen uns.

Bibliografische Information der Deutschen Nationalbibliothek:
Die Deutsche Nationalbibliothek verzeichnet diese
Publikation in der Deutschen Nationalbibliografie;
detaillierte bibliografische Daten sind im Internet
über http://dnb.dnb.de abrufbar.
Die automatisierte Analyse des Werkes, um daraus
Informationen insbesondere über Muster, Trends und
Korrelationen gemäß §44b UrhG („Text und Data Mining")
zu gewinnen, ist untersagt.

© 2024 Markus Beuter
Lektorat: Daniel Mezger & Philip Schmieder
Coverdesign: Victoria Beirer

Herstellung und Verlag:
BoD – Books on Demand, Norderstedt

ISBN: 9783759766472

INHALT

INHALT

1. Intro

In Bezug auf die Trainingsplanung gibt es zwei Seiten eines Spektrums. Auf der einen Seite gibt es etablierte Fachliteratur, die mit evidenzbasierten Erkenntnissen einen wichtigen Beitrag zum Verständnis leisten kann. Auf der anderen Seite finden sich oberflächliche Social-Media-Beiträge, fragwürdige Bro Science Erzählungen und die Meinungen in den Kommentarspalten des Internets zu allem, worauf du noch keine Antwort gefunden hast. Die Wahrheit jeder Erzählung über das Krafttraining liegt vermutlich irgendwo dazwischen und außerhalb – so ganz genau kann das niemand sagen. Wer behauptet, die Wahrheit oder die absolute Erkenntnis über das Training zu kennen, sollte umgehend den Dunning-Kruger-Effekt googeln und sich ein Schild mit der Aufschrift »Guru« um den Hals hängen. Dave Tate hat es auf den Punkt gebracht:

> »Training is the best educated guess someone is making.
> Nobody knows what the best training is.«
> **Dave Tate**[1]
> **Gründer EliteFts**

Jedoch schafft eine trainingswissenschaftliche Grundlage grundsätzlich Sicherheit und bietet einen Pool an Methoden, an denen man sich bedienen und ausprobieren kann. Grundlagenwissen hilft dabei, neues Wissen einzuordnen und verkürzt den Weg zum Ziel, weil man Fehlinformationen schneller erkennen kann. Es ist ein Bullshit-Detektor, denn am Ende des Tages geht es nie darum, alles richtig zu machen, sondern darum, so wenige schlechte Entscheidungen wie möglich zu treffen.
Idealerweise baut sich dazu die eigene praktische Erfahrung im Kraftraum auf. Die eigene Praxis und das eigene Theoriewissen kann man

---

[1] Nachzuhören im Podcast »Dave Tate´s Table Talk« Episode #136 with Mike Tuchscherer.

durch den Austausch mit Mittrainierenden, Coaches, Klienten oder erfahrenen Athleten abgleichen. Durch diesen »Theorie-Praxis-Austausch« entsteht ein geschlossenes, aber dynamisches System, das sich selbst immer wieder neu überprüfen und entwickeln kann. Hier liegt wohl vermutlich das, was wir uns gerne unter den Begriffen Wahrheit und Erkenntnis vorstellen.

Es gibt nicht die eine Wahrheit. Es gibt verschiedene Ansätze, um das gesteckte Ziel erfolgreich zu erreichen. Es gibt nicht das eine System, die eine Methode oder den einen Trainer, wodurch sich ein für alle Mal alles erklären, programmieren und erreichen lässt. Es gibt nur Varianten davon: gute, mittelmäßige und schlechte. Das ist wohl die Wahrheit. Das WHP System ist auch nur eine Variante, aber für dich im Idealfall eine gute.

Im Mittelpunkt steht immer das Training und jedes Training erfordert Planung. Planung beschreibt die Fähigkeit oder Tätigkeit, Handlungsschritte, die zur Erreichung eines Ziels notwendig erscheinen, gedanklich vorwegzunehmen. Planen bedeutet also, geordnet und strukturiert auf ein Ziel hinzuarbeiten. Wer also planlos trainiert, hat kein Ziel, so mein Umkehrschluss. Da wir aber höchstwahrscheinlich alle ein Ziel verfolgen, ergibt sich daraus die Notwendigkeit der Planung. Ziele können beispielsweise sein, beim nächsten Wettkampf das eigene Powerlifting-Total um 15kg zu überbieten oder die persönliche Bestleistung im Bankdrücken bis zum Jahresende um 7,5kg zu verbessern. Vielleicht trainierst du derzeit dreimal pro Woche, stellst aber fest, dass dein Trainingsumfang pro Einheit zu groß geworden ist, und stellst einen Plan auf, der künftig vier Trainingseinheiten vorsieht. Ziele können konkret oder vage sein. Manche sind ergebnisorientiert, andere prozessorientiert. Auf jeden Fall sind sie vielfältig und erfordern Planung. Planung erhöht die Wahrscheinlichkeit, dass sinnvolle Entscheidungen getroffen werden, die den Fortschritt sichern. Planung hilft dabei, frühere Trainingsphasen rückblickend zu bewerten, die

aktuelle Trainingsphase zu überwachen und die nächste Phase zielge-
richtet aufzubauen.

Das Gegenteil von Planung ist Planlosigkeit. Planlos sollte niemand
sein, weder im Kraftsport noch im Leben. Wer planlos ist, wird bis zu
einem gewissen Grad auch immer hilflos sein. Wer hilflos ist, fällt
leicht auf haltlose Versprechungen herein und läuft Gefahr, die fal-
schen Götter anzubeten. Billige und schnelle Informationen á la Social
Media fallen mir da als erstes ein. Du weißt, wovon ich spreche. Täglich sind wir diesen verheißungsvollen Anzeigen, Slides und Clips aus-
gesetzt. Aber gut, jetzt geht es um Trainingsplanung und nicht um Me-
dienkritik. Wenn du zu viel am Smartphone hängst und es dich bereits
stört, dann weißt du, was zu tun ist.

Wir steigen im nächsten Kapitel konkret mit einem Überblick zur Periodisierung des WHP Systems ein.

2. Periodisierung

Wir verwenden eine Form der Blockperiodisierung mit linearem Ansatz. Die Intensität steigt von Block #1 zu Block #2 und das Volumen
sinkt in Relation dazu. Dies entspricht den Kriterien der linearen Periodisierung. Der erste Block baut klassisch im Sinne einer Akkumulati-
onsphase deine Arbeitskapazität auf. Du wirst befähigt, mehr Arbeit in
Form von Sätzen und Reps zu verrichten. Da wir die Kraftwerte dazu
nicht vernachlässigen, wird an zwei Einheiten pro Woche ein aktuelles
Repetition Max im Bereich von 6-4 abgefragt.

Die **Volumenphase** schließt mit einem Deload ab, um die im Laufe der
vorausgegangenen Wochen angehäufte Ermüdung etwas abzubauen.
Der **Kraftblock** stellt die Intensivierungsphase der Planung dar. Das
reduzierte Volumen befähigt dich, deine Kapazitäten auf die erhöhten
Lasten auszurichten. Die **Standard Version** sammelt über den Kurs

von vier Wochen deine Leistungen im Bereich des 3er und 2er Repetition Maximum (RM) und mündet in einer kurzen einwöchigen Realisierungsphase. In der letzten Einheit des Blocks werden deine aktuellen Topwerte für das 1RM ausgemaxt.

Die **Wettkampfversion** bietet einen etwas elaborierten Ansatz für Fortgeschrittene, die eventuell ihren ersten Wettkampf planen möchten oder bereits aktive WK-Athleten sind. Die gesamten 6 Wochen werden aufgeteilt in 3 Wochen Intensivierung (2 Wochen 3RM, 1 Woche 2RM) und 3 Wochen tatsächliche WK-Vorbereitung im Sinne einer klassischen Realisierungsphase inklusive einer Taper-Week.

Details

Der Cycle besteht immer aus zwei Blöcken. Der **Volume Block #1** ist unverändert immer ein 8-wöchiger Volumenblock, inklusive einer Deload-Woche. Für den **Strength Block #2** gibt es die Standard Version über 5 Wochen, inklusive einer Testwoche am Ende. Für fortgeschrittenere Athleten kann ich die Competition Version des **Strength Block #2** empfehlen. Diese erstreckt sich zunächst über 3 intensive Wochen, welche dann in eine sehr spezifische 3-wöchige Realisierungsphase überführt werden. Am Ende steht hier als letzte Einheit ein potenzieller Powerlifting Wettkampf an.

Der **Makrozyklus** setzt sich somit aus Block #1 und Block #2 zusammen, sprich, dies ist der komplette Cycle des Programmes. Als **Mesozyklus** bezeichnen wir die jeweiligen Blöcke #1 und #2, die einzelnen Trainingswochen definieren den **Mikrozyklus**. Diese Taxonomie lässt sich selbstverständlich auch anderweitig strukturieren und noch feiner aufgliedern. Es liegt mir jedoch fern, simple Kategorien, auf die sich alle einigen können, unnötig zu verkomplizieren und meinen Ansatz künstlich aufzupumpen.

Die **Hauptaufgabe der Periodisierung** liegt bei diesem System in erster Linie im Management der **Hauptübungen** und der **Assistenzübungen**. Die **Ergänzungsübungen** werden in Puncto Volumen und Intensität über den gesamten Cycle nicht wesentlich verändert, die

Periodisierung findet via Übungsauswahl statt und steht immer in Relation zur **Stimulus-Fatigue-Ratio**. Am Ende findest du im Beispiel Vorschläge für das Programing der Ergänzungsübungen sowie konkrete Beispiele aus meiner Trainingspraxis. Im nächsten Abschnitt lernst du die Aufteilung zunächst im Überblick kennen, danach erfolgt die genaue Darstellung des Grundgerüstes dieses Systems.

3. WHP System

Das WHP System ist eine Kombination verschiedener, aufeinander abgestimmter Prinzipien, welche in eine zeitlich strukturierte Form (Periodisierung) integriert wurden.

Prepare-Perform-Ratio (PPR)

Das wichtigste Prinzip nenne ich die **»Prepare-Perform-Ratio«** **(PPR)**. Diese selbstgewählte Bezeichnung erlaubt es mir, den Kern eines Mikrozyklus zu erklären, ohne dabei lästige Formulierungen wie **»weekly undulating periodization«**[2] zu berücksichtigen.

Der Mikrozyklus besteht aus vier Trainingseinheiten. Einheit 1 & 2 bezeichne ich als **»Preparation Part«**, die Einheiten 3 & 4 gelten als **»Performance Part«**.

In den Einheiten 1 & 2 werden die Wettkampfübungen sowie die Assistenzübungen moderat schwer trainiert (5-3 Arbeitssätze, Rep Range 8-3, RPE@7-8)[3].

Die Einheiten 3 & 4 verlangen einen Top-Satz als Repetition Maximum (RM) in der Rep Range von 6-2 und einer RPE von @9. Die PPR ist über

---

[2] Die **wellenförmige Periodisierung** ist eine Trainingsform, bei der Umfang und Intensität innerhalb des Trainingszeitraums entweder wöchentlich oder täglich auf- und absteigen. Bei der **wöchentlichen wellenförmigen Periodisierung** (WUP) ändern sich Volumen und Intensität von Woche zu Woche. Bei der täglichen wellenförmigen Periodisierung (DUP) werden das Volumen und die Intensität täglich zwischen den Trainingseinheiten angepasst.

[3] **RPE (Rates of Perceived Exertion):** vgl. Erklärung dazu auf S. 29

den gesamten Verlauf so gewählt, dass der volumenreichere Teil des wöchentlichen Trainings stets im Bereich »Prepare« stattfindet. Dazu folgendes Beispiel, ohne die weiteren Ergänzungsübungen:

Woche 1 |Block #1

Trainingseinheit 1
Kreuzheben Assistenz
3 x 8 @RPE 7-8
Kniebeuge Assistenz
3 x 8 @RPE 7-8

Trainingseinheit 2
Bankdrücken Wettkampfstil
3 x 8 @RPE 7-8

Prepare

Trainingseinheit 3
Kniebeuge Wettkampfstil
6RM @RPE 9
Kniebeuge Assistenz
3 x 8 @RPE 7-8

Trainingseinheit 4
Bankdrücken Wettkampfstil
6RM @RPE 9
Bankdrücken Assistenz
3 x 8 @RPE 7-8

Perform

Die ersten beiden Einheiten der Woche bieten etwas mehr Volumen und eine geringere Intensität – hier wird die Technik trainiert und das Arbeitsvolumen aufgebaut. Die letzten beiden Einheiten prüfen mit etwas höherer Intensität das aktuelle RM ab und geben somit ein Feedback, wie die Performance gerade läuft.

Das zweite Prinzip repräsentiert eine Variable, die oftmals wenig Beachtung findet: die **Auswahl und Rotation der Übungen**. Hierbei geht es um die Rotation der Wettkampfübungen und die Auswahl der Assistenzübungen.
Jedes halbwegs strukturierte Trainingsprogramm hat die Variablen Volumen, Frequenz und Intensität im Blick. Das hoffe ich zumindest mal. Nun ist bekannt, dass Kraft immer spezifisch ist und keine Kraftsportarten sind spezifischer als das Powerlifting und das olympische Gewichtheben. Der Umstand, dass das Training in diesen Sportarten gleichzeitig die Wettkampfübungen repräsentiert, zementiert dieses Statement. Da Kraft spezifisch ist, sowohl in der zu trainierenden Rep Range als auch die Übungsauswahl betreffend, muss der Powerlifter im Verlauf seiner Trainingsplanung so nahe wie möglich an die Aufgabenstellung eines Wettkampfes herangeführt werden. Das bedeutet, am Ende muss er darauf vorbereitet sein, die Reihenfolge Kniebeuge, Bankdrücken und Kreuzheben auf eine schwere Wiederholung zu jeweils drei Versuchen pro Disziplin zu absolvieren.

Mit den Vorkenntnissen und Erfahrungen, die wir bereits besitzen, wissen wir auch, dass es natürlich nicht zielführend ist, an vier Tagen die Woche unsere drei WK-Disziplinen mit schweren Singles am Rande des Maximums zu trainieren. Die Nachteile und die Begründung dazu sind bereits bei anderen Autoren zur Genüge erläutert worden. Auf Dauer hohe Intensitäten zu nutzen, wird das ZNS eines jeden Athleten früher oder später negativ beeinflussen. Jede Woche immer dieselben Übungen auszumaxen, wird ebenfalls in Regression und nicht in Progression enden.

Aus diesem einfachen Grund wechseln sich die wöchentlich gewählten Übungen für die schwereren Trainingseinheiten 3 & 4 (Performance Part) ab, insbesondere wird darauf geachtet, dass schwere Kniebeugen und schweres Kreuzheben wöchentlich rotieren und somit nur alle zwei Wochen bei diesen Lifts ein Repetition Maximum verlangt wird. Dies sorgt für eine kontinuierliche Progression und reduziert den Abnutzungseffekt.

Das Bankdrücken nimmt eine Sonderrolle ein. Du wirst erfahren, dass die 2. Einheit immer das Bankdrücken im Wettkampfstil beinhaltet, keine Varianten davon. Lediglich die 4. Einheit, an dem ein Repetition Maximum fällig wird, schreibt eine wöchentliche Rotation zwischen deiner Wettkampftechnik und einer Assistenzübung vor. Begründen lässt sich diese Entscheidung durch den Umstand, dass das Bankdrücken weniger ermüdend als Kniebeugen und Kreuzheben ist. Das wöchentliche Bankdrückvolumen lässt sich daher anteilig etwas mehr auf die Wettkampfvariante verteilen.

Ebenso wird beachtet, nach zwei bis drei Mikrozyklen (2-3 Wochen), die Rep Range der Haupt- und Assistenzübungen zu ändern, um dem Prinzip der progressiven Überlastung gerecht zu werden und eine fortlaufende Anpassung zu gewährleisten.

Man erkennt auf der nachfolgenden Darstellung den Rotationsverlauf zwischen der Kniebeuge und dem Kreuzheben sowie dem Bankdrücken im WK-Stil und den Bankdrück-Assistenzen über den Zeitraum von drei Wochen. Woche 3 entspricht wieder der Woche 1, nur mit veränderten Reps. Das gesamte Programm ist nach diesem Schema aufgebaut. Lediglich der Taper für die letzten drei Wochen der Wettkampfvorbereitung (Block #2 – Competition Version) muss diesem Ansatz weichen, da hier die Spezifität nochmal deutlich hochgefahren wird.

Trainingseinheit 1

Kreuzheben Assistenz 1

3 x 8 @RPE 7-8

Kniebeuge Assistenz 1

3 x 8 @RPE 7-8

Trainingseinheit 2

Bankdrücken Wettkampfstil

3 x 8 @RPE 7-8

Trainingseinheit 3

Kniebeuge Wettkampfstil

6RM @RPE 9

Kniebeuge Assistenz 2

3 x 8 @RPE 7-8

Trainingseinheit 4

Bankdrücken Wettkampfstil

6RM @RPE 9

Bankdrücken Assistenz 2

3 x 8 @RPE 7-8

Trainingseinheit 1

Kniebeugen Wettkampfstil

3 x 8 @RPE 7-8

Kreuzheben Assistenz 2

3 x 8 @RPE 7-8

Trainingseinheit 2

Bankdrücken Wettkampfstil

3 x 8 @RPE 7-8

Trainingseinheit 3

Kreuzheben Wettkampfstil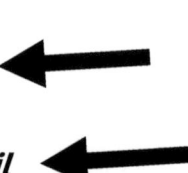

6RM @RPE 9

Kniebeuge Assistenz 2

3 x 8 @RPE 7-8

Trainingseinheit 4

Bankdrücken Assistenz 1

6RM @RPE 9

Bankdrücken Wettkampfstil

3 x 8 @RPE 7-8

Trainingseinheit 1

Kreuzheben Assistenz 1

4 x 6 @RPE 7-8

Kniebeuge Assistenz 1

4 x 6 @RPE 7-8

Trainingseinheit 2

Bankdrücken Wettkampfstil

4 x 6 @RPE 7-8

Trainingseinheit 3

Kniebeuge Wettkampfstil

5RM @RPE 9

Kniebeuge Assistenz 2

4 x 6 @RPE 7-8

Trainingseinheit 4

Bankdrücken Wettkampfstil

5RM @RPE 9

Bankdrücken Assistenz 2

4 x 6 @RPE 7-8

Weitere Erkenntnisse aus Forschung und Praxis, die im WHP System berücksichtigt werden:

Kein Muskelversagen bei Kraftzielen. Dies führt zu einer hohen systemischen Belastung. Häufiges Überschreiten der Versagensgrenze im Bereich Kraft wirkt sich negativ auf das Volumen aus, da die Anstrengung zu hoch ist. Dies behindert das nachfolgende Training, wodurch sich wiederum weniger Kraft- und Massezuwächse erreichen lassen.

Überlappende Muskelgruppen werden nur bei Kraftzielen berücksichtigt, nicht bei Hypertrophie. Eine hohe lokale Ermüdung kann zu einem »Weak Link« oder auch »Flaschenhals« führen. Wenn beispielsweise eine unmittelbare Nähe von Kniebeuge zu Kreuzheben besteht, kann sich der Belastungsstress im unteren Rücken akkumulieren. Dementsprechend werden wir im nächsten Kapitel den Bereich der Übungsauswahl etwas genauer in den Fokus rücken.

Weniger als 6 Reps sind für einen produktiven Wachstumsreiz eine zu geringe Time Under Tension.

Die **Anzahl der Sätze pro Woche** ist beim Kraftaufbau weniger relevant als bei der Hypertrophie.

Die **Top-Satz Intensität** beim Kraftaufbau ist entscheidender als die durchschnittliche Intensität aller Sätze.

Kraft ist immer spezifisch zur aktuell trainierten Rep Range.

Bei **weniger als 8 Reps** werden bei Drückbewegungen **keine Kurzhanteln** verwendet, sondern eine Langhantel. Das Ausgleichen der Stabilität ist sonst ermüdender als die Aktivierung der Kraft.

4. Taxonomie der Übungsauswahl

Stimulus-Fatigue-Ratio (SFR)

Eine der wesentlichen Bestandteile dieses Systems ist die gezielte Rotation bestimmter Übungen, speziell an den Performance Einheiten. Mit dem hochgestochenen Bildungsbegriff Taxonomie versuche ich Ordnung im Bereich der Übungsauswahl zu schaffen. Das Wort **Taxonomie** beschreibt ein einheitliches Verfahren mit dem Objekte nach bestimmten Kriterien klassifiziert, das heißt in Kategorien eingeordnet werden. Die Stimulus-Fatigue-Ratio wird bei Dr. Mike Israetel von Renaissance Periodization[4,5] im Detail besprochen, für uns soll an dieser Stelle ein kurzer Abriss über die wichtigsten Punkte genügen.

SFR bedeutet, das Verhältnis von Reiz zu Ermüdung & Verschleiß. SFR vergleicht den Reiz (Stimulus), der die gewünschte Anpassung auslösen soll, mit dem Preis, den man dafür in Form von Ermüdung und Verschleiß (Fatigue) bezahlt. Die vereinfachte Grundfrage lautet: Spüre ich den Muskel oder das Gelenk?

Was ist der Reiz?

Pump & Brennen (metabolisch), mechanische Spannung, Stretch mit Belastung oder die Mind-Muscle-Connection zu verbessern, um die Effizienz eines Arbeitssatzes zu steigern.

Was ist Ermüdung?

Lokale Ermüdung, globale Ermüdung, systemische Ermüdung und die allgemeine Abnutzung sowie Störung der passiven Strukturen.

---

[4] Israetel, Mike, et al. [2021]: Scientific Principles of Hypertrophy Training.
[5] Israetel, Mike, et al. [2020]: Scientific Principles of Strength Training: With Applications to Powerlifting.

Mit nachfolgendem Beispiel lässt sich die Zwickmühle der SFR gut verdeutlichen.

Ein **Bodybuilder** kann sich entscheiden, ob er für seine muskuläre hintere Kette (Rückenstrecker, Gesäß, Beinbeuger) entweder Kreuzheben, Romanian Deadlifts, Stiff Legged Deadlifts, 45 Grad Back Extension oder eine Glute-Ham-Raise verwenden will. Die muskuläre Beanspruchung und der aufbauende Effekt sind zwischen diesen Übungen vergleichbar, aber der Grad der Ermüdung ist unterschiedlich. Solche Phänomene kennt jeder. Führe bei jeder dieser Übung ein brutales 10RM durch und sag mir, wie es dir eine Stunde später und am nächsten Morgen erging. Die 45 Grad Back Extension verursacht den geringsten Schaden, aber das Kreuzheben und seine Varianten fordern ihren Tribut. Nach einem 10RM in einer der genannten Übungen, wird dein Körper am nächsten Tag unterschiedlich stark ermüdet sein:

A) Leichter oder moderater Muskelkater versus starker Muskelkater.
B) Geringe Müdigkeit vom Vortag versus schlapp und schwerfällig.

Ein Bodybuilder hat den Vorteil, dass er entscheiden darf, wo er seinen Schwerpunkt setzen möchte und welchen Grad der Ermüdung er in Kauf nehmen kann. Stark vereinfacht ausgedrückt ist es im Bodybuilding nicht relevant, in welchen Übungen die beste Performance stattfindet, solang genügend Stimulus für den Aufbau geliefert wird, von dem man sich einigermaßen erholen kann.

Ein **Powerlifter** steht immer in einem Trilemma bestehend aus **drei Kategorien (1-3)**. Die Wettkampfübungen **(1)** müssen regelmäßig trainiert werden. Ebenso müssen bestimmte Varianten **(2)** der Wettkampfübungen eingeplant werden, die dabei helfen, die Wettkampfübungen zu verbessern. Die abschließende Kategorie **(3)** bilden die Ergänzungsübungen. Diese Übungen sorgen für strukturelle Balance, indem sie einseitige Belastungsmuster ausgleichen und die

Muskelpartien beanspruchen, die von den Powerlifting-Übungen nicht beansprucht werden. In der Regel handelt es sich hierbei um Isolationsübungen, Maschinen- und Kabelzugübungen, die im traditionellen Hypertrophiebereich von mindestens 6-8 bis 12-20 Reps ausgeführt werden sollten.

Für die **Kategorie (1), Wettkampfübungen**, habe ich dir einen großen Teil der Planung bereits abgenommen und ziemlich genau definiert, wann, wie oft und wie schwer diese Übungen stattfinden sollten. Im Powerlifting sind die Wettkampfübungen nicht verhandelbar. Ausgenommen, es dreht sich um einen aktuell verletzten Athleten, den Wiedereinstieg nach einer Verletzungspause oder sonstige, vorrübergehende Zeiträume, die den Einsatz der WK-Übungen als derzeit nicht zielführend einstufen. Dementsprechend gehe ich nicht weiters darauf ein.

Kategorie (2) Assistenzübungen. Diese werden nach folgendem Kriterium ausgewählt: Wie kann mir diese Übung helfen, meinen Wettkampflift zu verbessern? Jeder der drei WK-Lifts kann in mehrere Varianten mit unterschiedlichen Zielen aufgeteilt werden und alle haben sie eine unterschiedliche SFR. Die SFR ergibt sich aus zwei Faktoren:
1) Ist das Gewicht, das bei der Assistenzübung verwendet wird, höher als im regulären WK-Stil? Falls ja, ist die SFR in Bezug auf das zentrale Nervensystem und die globale Ermüdung nicht besonders günstig.
2) Provoziert die Übungsausführung mehr Stress für bestimmte Körperpartien als die WK-Übung? Falls ja, ist die SFR in Bezug auf die passiven Strukturen und die lokale Ermüdung nicht besonders günstig.

Es gilt, das Beste aus beiden Welten zu finden, oder zumindest das Bewusstsein dafür zu entwickeln, welchen Preis du für eine Verbesserung eventuell bezahlen musst. Und ja, bevor die Frage gestellt wird, es kommt darauf an! Die individuellen Bedürfnisse

und Voraussetzungen spielen eine Rolle. Assistenzübungen helfen dabei, motorische Muster zu formen und technische Schwachpunkte der Ausführung zu meistern.

Ein einfaches **Beispiel** dazu: Nehmen wir an, du bist ein fortgeschrittener Powerlifter und dein unterer Rücken erholt sich seit einigen Monaten, ab einer Last von 85% deines 1RM, nur sehr schwer von regulärem Kreuzheben vom Boden. Du kannst derzeit höchstens alle zwei Wochen schweres Kreuzheben vom Boden im WK-Stil ausführen, die Ursache ist ungeklärt und spielt für das Beispiel keine Rolle. Du willst an deinem Kreuzheben-Assistenztag dennoch etwas höhere Gewichte verwenden, aber eine ungünstige Hebeposition gilt es zu vermeiden. Also entscheidest du dich, als Assistenzübung **Kreuzheben von Blöcken** zu machen. **Pluspunkt:** Durch die erhöhte Startposition ist die relative Last auf deinem unteren Rücken deutlich geringer, also häuft sich weniger lokale Ermüdung an. **Minuspunkt:** Dadurch, dass die verkürzte Range of Motion dieser Übung die Verwendung von mehr Gewicht als die reguläre Version ermöglicht, ist die globale Ermüdung davon betroffen. **Fazit:** Dies ist akzeptabel, denn das Hauptproblem besteht derzeit nicht beim Heben von hohen Lasten an sich, sondern beim Heben von hohen Lasten vom Boden. Dementsprechend sind Block Pulls, obwohl sie als Assistenzübung deutlich mehr Gewicht erlauben als die Standardversion, in diesem Falle eine vertretbare Wahl. Es ergibt für dich in diesem Beispiel derzeit mehr Sinn, schwere Block Pulls zu verwenden als beispielsweise leichtere Gewichte mit vergrößertem Range of Motion (z.B. 5cm Deficit Deadlifts). Es ist immer ein Abwägungsprozess.

Das folgende Ranking stuft Assistenzübungen von schwer nach leicht ein, immer in Relation zur vergleichbaren Last der Wettkampfübung. Diese Liste ist nicht vollständig, aber sie verdeutlicht das Prinzip.

Kniebeuge

- Kniebeuge auf Pins, oberer Bereich
- Kniebeuge + Ketten oder Bänder, hohe Last @oberer Bereich
- Kniebeuge auf Pins, mittlerer Bereich
- Safety Bar Squat
- Exzentrisch pausierte Kniebeuge: kurz vor paralleler Beugetiefe stoppen (1-3sec in der Abwärtsbewegung), anschließend ganz in die reguläre Tiefe weiterbeugen und zurück in die Startposition.
- Pausierte Kniebeuge, am tiefsten Wendepunkt stoppen (1-3sec)
- Konzentrisch pausierte Kniebeuge: in der Aufwärtsbewegung knapp über der parallelen Beugetiefe stoppen (1-3sec), anschließend die Aufwärtsbewegung vollständig absolvieren.

Bankdrücken

- Pin Press, oberer Bereich/Lockout
- Board Press, oberer Bereich/Lockout (2-3inch Board)
- Bankdrücken + Slingshot
- Bankdrücken + Ketten oder Bänder, hohe Last @oberer Bereich
- Board Press, mittlerer Bereich (1-2inch Board)
- Pin Press, Brusthöhe
- Spoto Press
- Pausiertes Bankdrücken (1-3sec)

Kreuzheben

- Rack Pulls/Pin Pulls, Startpunkt unterhalb des Knies[6]
- Block Pulls, Startpunkt unterhalb des Knies[6]
- Kreuzheben + Ketten oder Bänder, hohe Last @oberer Bereich
- Konzentrisch pausiertes Kreuzheben unterhalb des Knies (1-3sec in der Aufwärtsbewegung)
- Defizit Kreuzheben, 5-15cm erhöht stehend
- Romanian Deadlifts RDL

---

[6]Anmerkung: Rack oder Block Pulls oberhalb der Knie sind Ego Lifts. Sie überladen die Bewegung, ohne nennenswerte Vorteile zu bieten.

Nun erfolgt die Auseinandersetzung mit **Kategorie (3), die Ergän-zungsübungen**. Diese sind im Vergleich zu Übungen der Kategorien (1) und (2) sehr eindimensional. Sie müssen den Muskel gezielt stimu-lieren um eine Anpassung in Form von Hypertrophie auszulösen.

Auch hier empfiehlt es sich, mit Kontrollfragen zu arbeiten: Was be-zwecke ich mit dem Einsatz einer bestimmten Ergänzungsübung? Wa-rum ist es sinnvoller, die »Ergänzungsübung X« einer anderen »Ergän-zungsübung Y« vorzuziehen?

Ergänzungsübungen haben, wie bereits erwähnt, zwei Aufgaben. Sie sorgen für den nötigen Ausgleich und sollen die Muskulatur aufbauen oder zumindest erhalten. Selbstverständlich richten sich diese Aufga-ben an Athleten mit unterschiedlichen Bedürfnissen. Ein **simples Bei-spiel** dazu: Überlege dir, welches Szenario mehr Sinn ergibt: Ein Powerlifter benötigt zusätzliche Arbeit im Bereich seines oberen Rü-ckens und Latissimus. An zwei Tagen in der Woche muss er Kniebeu-gen absolvieren plus schweres Kreuzheben auf Wiederholungen. Rechnet man seine Arbeitssätze für das Kniebeuge- und Kreuzhebe-volumen zusammen, ergeben sich locker 12 oder mehr Arbeitssätze. Für die hintere Kette werden einmal pro Woche noch 3-4 Sätze an der 45 Grad Back Extensions ausgeführt. Somit kann man wohl behaup-ten, dass der untere Rücken unseres Athleten, über den Mikrozyklus der Woche, ziemlich damit beschäftigt ist, sich davon zu erholen. Jetzt beantworte mir die entscheidende Frage: Sollte er jetzt vorgebeugtes Langhantelrudern und T-Bar Rows zu jeweils 3-4 Sätzen und 6-12 Reps in seine Trainingswoche integrieren? Oder alternativ lieber Klimmzüge, Chest Supported Rows oder Latpull Downs mit derselben Anzahl an Sätzen und Reps? Richtig! Die Wahl sollte auf die Klimm-züge, die Chest Supported Rows oder die Latpull Downs fallen. »Wa-rum?«, fragst du dich? Schließlich sind LH Rudern und T-Bar Rows doch sehr gute Aufbauübungen? Ja, absolut richtig. Und sie laden eine Tonne an Scher- und Hebelkräften auf den unteren Rücken. Und wer sich bereits von vielen Sätzen Kniebeugen und Kreuzheben erholen muss, hat in der Regel wenig Kapazitäten für weitere regenerative

Prozesse den unteren Rücken betreffend. Der untere Rücken wird auf Dauer zum so genannten **Weak Link** und ein potenzieller Ausgangspunkt für die Stagnation der Leistung, im schlimmsten Fall für eine Verletzung.

Also, um es auf den Punkt zu bringen – Ergänzungsübungen müssen smart gewählt werden und dürfen nicht zum Selbstzweck aufsteigen. Wir sind Powerlifter. Es gibt keine vierte Disziplin für das Langhantelrudern, du verstehst? Also wähle deine Ergänzungsübungen nicht nach Kriterien wie:»Welches ist die beste Hardcore-Übung für den Latissimus«. Formuliere die Frage richtig: »Welche Übung bietet mir möglichst viel Muskelaufbaupotenzial, aber wenig Ermüdungsrisiko?« Versuche hier als Bodybuilder zu denken, der versucht, aus den wenigen Ergänzungsübungen, das Maximale für seine Muskulatur herauszuholen. Falls dein Background in Puncto Hypertrophie nicht besonders groß ist, weil du dich bisher nicht mit Bodybuilding auseinandersetzen wolltest, kannst du dies nachholen. Bodybuilder wissen genau, wie man sich in den Muskel reindenkt, ihn fühlt und gezielt aktivieren kann.

Ein guter Anhaltspunkt ist immer sich zu überlegen, ob man einen Schritt zurückgehen kann. Von komplex zu einfach.

Beispiel A: Kann ich die Übung anstelle einer Langhantel auch mit Kurzhanteln machen? Z.B. KH Schulterdrücken anstelle von Military Press, oder KH Schrägbankdrücken anstelle von LH Schrägbankdrücken.

Beispiel B: Wenn ich es mit einer Langhantel oder Kurzhanteln machen kann, gibt es die Möglichkeit eine Maschine oder einen Kabelzug zu verwenden? Z.B. *Trizepsstrecken am Seil, überkopf* ausgeführt, anstelle von *Skull Crusher mit der EZ-Bar*.

Wenn ich heute als Ergänzungsübung 3 Sätze KH Seitheben für 12-15 Reps auf einer 55 Grad Schrägbank sitzend mache, kann ich bei jedem Satz bis zum Muskelversagen gehen, ohne, dass dies meine Bankdrückeinheit von morgen beeinflusst. Mache ich 3 Sätze Military Press im Stehen oder KH Schulterdrücken im Sitzen bis zum Muskelversagen, wird sich dies am nächsten Tag bemerkbar machen und meine Bankdrück-Session leidet darunter.

Natürlich könnte man argumentieren, dass das Kraft- und Aufbaupotenzial beim Military Press höher ist als beim KH Seitheben. Aber als Powerlifter wir müssen entscheiden, ob es wichtiger ist, zweimal die Woche gut im Bankdrücken zu performen oder einmal die Woche im Military Press. KH Seitheben bietet langfristig weniger Progression als die Military Press, das stimmt. Jedoch kann ich problemlos zwei Mal pro Woche mehrere Sätze KH Seitheben oder Kabelseitheben absolvieren. Meine Schultern kann ich dabei zwei Mal pro Woche zu Bowlingkugeln aufpumpen und dadurch ebenfalls einen echten Hypertrophie-Erfolg verbuchen und es kollidiert nicht mit meinen Bankdrückzielen. Das Beste aus beiden Welten.

Diesen Denkprozess bei den Ergänzungsübungen anzuwenden ist keine Ausrede, den Weg des geringsten Widerstandes zu beschreiten. Quetsche alles aus deinen Ergänzungsübungen heraus, hier darf auch öfters bis zum Muskelversagen trainiert werden, ohne, dass dies dein weiteres Powerlifting Training negativ beeinflusst.

Fazit

(1) Wettkampfübungen trainieren die Bewegung.

(2) Assistenzübungen trainieren die Bewegung und individuelle Schwachstellen dieser Bewegung.

(3) Ergänzungsübungen trainieren den Muskel, am besten über die vollständige Range of Motion.

5. Progression

Wettkampf- und Assistenzübungen

Die Programmierung der Gewichte im Bereich Wettkampf- und Assistenzübungen ergibt sich aus der Verbindung der RPEs sowie den Satz- und Wiederholungsschemata in der Regel von allein. Nochmal ein schneller Hinweis zur Verwendung von **RPE (Rates of Perceived Exertion)**. Dieser Wert drückt das subjektive Empfinden der Anstrengung bei der Ausführung einer Wiederholung oder Wiederholungsserie (Satz) aus. **Anwendung finden RPE in der Regel im Wiederholungsbereich von 1 bis 6, darüber hinaus verlieren sie an Aussagekraft und Relation.**

@RPE		
*5,5	War das zu einfach, um als Hauptsatz zu gelten?	*5,5
6	War das eher so leicht wie ein Aufwärmgewicht? **Noch 4 Wdh möglich.**	6
6,5	War dies ein grenzwertiges Aufwärmgewicht? **Noch 3-4 Wdh möglich.**	6,5
7	War das Tempo so schnell wie bei einem leichten Eröffnungsversuch? Noch 3 Wdh möglich.	7
7,5	Hättest du **vielleicht** noch **drei** Wiederholungen mehr machen können?	7,5
8	Hättest du **definitiv** noch **zwei** Wiederholungen mehr machen können?	8
8,5	Hättest du **vielleicht** noch **zwei** Wiederholungen mehr machen können?	8,5
9	Hättest du **definitiv** noch **eine** Wiederholung mehr machen können?	9
9,5	Hättest du **vielleicht** noch **eine** Wiederholung machen können? Technisches Versagen bahnt sich an.	9,5
10	**Maximale Anstrengung 100%!** Mehr ist nicht zu schaffen! Muskelversagen und technisches Versagen!	10
	*Alles unter 5 RPE ist irrelevant	

Wer sich in **Block #2** für die **Competition Version** entschieden hat, wird ab Woche 12 von 14 mit der Verwendung von Prozentwerten konfrontiert. Dies ist eine bewusste Veränderung bei der Angabe von Leistung und Intensität. In den letzten drei Wochen gibt es keine Experimente, kein Schätzen und Vermuten, sondern harte Zahlen. Dieser Ansatz ist damit zu rechtfertigen, dass wir bis zu diesem Zeitpunkt aktuelle Kraftwerte ermitteln haben, mit denen wir in die letzten drei Wochen der WK-Vorbereitung einsteigen. Ein prozentbasierter, statischer Ansatz ist in Bezug auf das gesamte Programm nicht zu empfehlen, da sich das reale sowie das theoretische 1RM im Verlauf von mehreren Wochen und verschiedenen Phasen verändert. Für die letzten drei Wochen, in denen es nur um die Peak Performance geht, ist dies aber legitim. Solltest du einen Anhaltspunkt benötigen, auf welcher Höhe sich RPE und Prozentwerte treffen, schadet es nicht, sich gelegentlich mit dieser Tabelle zu befassen. Sie stammt von Mike Tuchscherer, World Games Gewinner und CEO von Reactive Training Systems. Hier kannst du dein subjektives Empfinden (RPE) sowie deine ausgeführten Reps mit harten, nicht verhandelbaren Prozentwerten abgleichen. Individuelle Unterschiede mal außen vorgelassen.

REPS	1	2	3	4	5	6	7	8	9	10	11	12
10	100.0%	95.5%	92.2%	89.2%	86.3%	83.7%	81.1%	78.6%	76.2%	73.9%	70.7%	68.0%
9.5	97.8%	93.9%	90.7%	87.8%	85.0%	82.4%	79.9%	77.4%	75.1%	72.3%	69.4%	66.7%
9	95.5%	92.2%	89.2%	86.3%	83.7%	81.1%	78.6%	76.2%	73.9%	70.7%	68.0%	65.3%
8.5	93.9%	90.7%	87.8%	85.0%	82.4%	79.9%	77.4%	75.1%	72.3%	69.4%	66.7%	64.0%
8	92.2%	89.2%	86.3%	83.7%	81.1%	78.6%	76.2%	73.9%	70.7%	68.0%	65.3%	62.6%
7.5	90.7%	87.8%	85.0%	82.4%	79.9%	77.4%	75.1%	72.3%	69.4%	66.7%	64.0%	61.3%
7	89.2%	86.3%	83.7%	81.1%	78.6%	76.2%	73.9%	70.7%	68.0%	65.3%	62.6%	59.9%
6.5	87.8%	85.0%	82.4%	79.9%	77.4%	75.1%	72.3%	69.4%	66.7%	64.0%	61.3%	58.6%

(Die linke Spalte der Tabelle ist mit **RPE** beschriftet.)

Wer noch Schwierigkeiten damit hat, seine Kraftwerte richtig einzuschätzen, darf gerne mit der Rep-Max-Formula nach Epley arbeiten. Mathematisch korrekt sieht das so aus:

$$\text{Gewicht} \times (1 + 0.0333 \times \text{Reps})$$

Angenommen, du kannst 100kg für 4 Reps beugen, dann rechnest du folgendermaßen:

$$4 \times 100kg = 400kg$$
$$400kg \times 0,0333 = 13,32kg$$
$$13,32kg + 100kg = 113,32 \, g$$
$$113,32kg = \text{theoretisches 1RM}$$

Je geringer die Rep Range (bis 6 Reps) ausfällt, desto genauer ist diese Formel. Bei einer Rep Range über 6 wird es immer ungenauer, da wir nun den intra- und intermuskulären Kraftbereich verlassen.

Ergänzungsübungen & Intensität

Wir betreten nun den Bereich der Ergänzungsübungen. Du wirst festgestellt haben, dass diese nicht mit RPE gelistet sind. Dies ergäbe im Hypertrophiebereich deutlich weniger Sinn als im Kraftbereich von 1-6 Reps. **Für Wiederholungsbereiche von 7 bis 15 hat sich der Begriff Reps in Reserve (RIR) etabliert.** Sprich, »RIR 2« bedeutet, es wären maximal noch 2 Reps möglich gewesen, usw. Wenn es darum geht, Muskelversagen im Hypertrophiebereich zu beschreiben, greife ich lieber auf den Ansatz von Dave Tate zurück:

A. Work up to 2 reps shy of failure
Noch zwei weitere Wiederholungen und konzentrisches Muskelversagen setzt ein.

B. Work up to 1 rep shy of failure
Noch eine weitere Wiederholung und konzentrisches Muskelversagen setzt ein.

C. Work to failure
Konzentrisches Muskelversagen wurde erreicht.

D. Work past failure
Konzentrisches Muskelversagen wurde erreicht. Die Belastung wird nicht abgebrochen, es folgen Intensitätstechniken, um über den Punkt

des konzentrischen MV hinaus zu arbeiten, z. B. durch erzwungene Reps, Cheat Reps, langsame Negative, etc.

Für uns sind die Bereiche A, B und teilweise C am relevantesten. D kommt praktisch nicht vor und C wird sparsam eingesetzt, beispielsweise beim letzten von drei Arbeitssätzen einer Ergänzungsübung. Maximal sind ein bis zwei harte Versagenssätze pro Trainingseinheit bei einer Isolationsübung tolerierbar. Vorsicht bei Trizeps- und Beinbizepsübungen bis zum Muskelversagen, die einen starken Stretch beinhalten. Hiervon erholt man sich nur langsam und es kann das weitere Training beeinflussen.

Progression der Ergänzungsübungen
In Sachen Steigerung der Gewichte gibt es zwei Ansätze, die im WHP System umgesetzt werden, u. a. nachzulesen bei Helms et al[7].

Wave Loading
Steuert die Progression speziell im Bereich von 6-10 Reps.

T-Einheit	Reps	Load
1	8, 8, 8	100kg
2	7, 7, 7	102,5kg
3	6, 6, 6	105kg
4	6, 6, X	100 kg (deload)
5	8, 8, 8	102,5kg

---

[7] Helms et al. [2019]: The Muscle and Strength Pyramid: Training. S. 85ff.

Double Progression

Grundsätzlich nur bei Isolationsübungen im Bereich von 10+ Reps anzuwenden.

T-Einheit	Reps	Load
1	14, 13, 12	20kg
2	14, 14, 12	20kg
3	14, 14, 13	20kg
4	12, 12, X	20kg (deload)
5	15, 15, 14	20kg
6	15, 15, 15	20kg
7	13, 12, 12	22,5kg

Volumen der Ergänzungsübungen

Das Volumen einer Powerlifting-Trainingseinheit ist endlich. Ein Teil des Volumens diktiert der Einsatz der WK-Übungen und der Assistenzübungen. Diese haben im WHP System ein festes Setting, an dem nicht herumgespielt wird. Der Rest deiner vier wöchentlichen Trainingseinheiten wird mit sinnvoll ausgewählten Ergänzungsübungen ausgestattet. Hier besteht in Puncto Volumen ein gewisser Spielraum. Mein Planungsbeispiel am Ende zeigt dir, wie dieser Teil deiner Trainingseinheiten programmiert werden kann. **Ich empfehle, sich beim ersten Durchlauf des Makrozyklus an der unteren Grenze des Volumens für die Ergänzungen zu orientieren.** Eine Erhöhung des Volumens kann in einem zweiten Durchlauf schrittweise, z. B. alle zwei oder drei Wochen, erfolgen.

Commitment

Am Ende läuft alles auf einen wichtigen Ansatz hinaus: die **Selbstverpflichtung.** Wie sehr du dich diesem Programm verpflichtet fühlst, es mit Leidenschaft praktizierst und dich selbstverständlich an die Grundsätze hältst, ist in den meisten Fällen eine Frage der

Abwechslung und der Freude am Training. Das WHP System ist ein lupenreines Powerlifting Programm, kein Hybrid, kein Powerbuilding oder Basic Strength Program. Die Wettkampf- und Assistenzübungen sind das Fleisch und die Kartoffeln des Programmes, hier entsteht die Basis für große Kraft und effiziente Technik. Die Ergänzungsübungen sind für alles Weitere zuständig. Bleiben wir bei dieser Metapher, sind sie das Gemüse, das Obst und der süße Nachtisch am Ende einer kräftigen Mahlzeit. **Faustregel:** Wenn du zu viele Ergänzungsübungen mit zu hohem Volumen und zu hohen Intensitäten einplanst und damit tatsächlich trainieren kannst, hast du offensichtlich zu wenig Einsatz bei den Wettkampf- und Assistenzübungen gezeigt und bleibst hier deutlich unter deinem Potenzial. Die Basics müssen Priorität haben, die Ergänzungen sind den Basics immer untergeordnet – es geht immer um Balance.

Periodisierung der Ergänzungsübungen

Die gibt es nicht. Zumindest nicht auf die Art und Weise, wie Periodisierung traditionell verstanden wird. Die Rep Ranges und die Sätze bleiben während eines Blocks unverändert. Ergänzungsübungen im Detail durch ausgetüftelte Wiederholungs- und Satz-Schemata den Blöcken anzupassen ist möglich, aber ein zu großer Aufwand mit zu wenig Ertrag. **Für die Progression kannst du doch am Wave Loading und an der Double Progression (vgl. S. 32, 33) orientieren.**
Die einzige Form der Periodisierung besteht in der Übungsauswahl. Als **Beispiel:** Der Volumenblock dauert 8 Wochen. In den Trainingseinheiten 2 und 4 wird jeweils eine Rückenübung eingeplant. Für die Einheit 2 könnten zum Beispiel *Klimmzüge mit überschulterbreitem + neutralem Griff* und *3 x 8 Reps* ausgewählt werden. Für die Einheit 4 planst du eventuell *Kabelrudern mit engem + neutralen Griff* und *3 x 10-12 Reps* ein. Für die Progression ergibt es nun mehr Sinn, nach vier bis acht Wochen die Übung zu verändern oder zu tauschen, anstatt sich über Rep Ranges und die Anzahl der Arbeitssätze den Kopf zu zerbrechen. Ändere nicht die Reps und die Sätze, modifiziere oder

tausche die Übung. Dies erhält zudem die Freude und Abwechslung im Training. Zur Veranschaulichung des Beispiels siehst du hier die Gegenüberstellung der Wochen 1-4 sowie 5-8 mit einer Modifikation der Rückenübungen.

Woche 1-4 |Block #1

Trainingseinheit 2

Klimmzüge, überschulterbreit + neutraler Griff
3 x 8 Reps

Trainingseinheit 4

Kabelrudern, eng + neutraler Griff
3 x 10-12 Reps

Woche 5-8 |Block #1

Trainingseinheit 2

Klimmzüge, schulterbreit + supinierter Griff
3 x 8 Reps

Trainingseinheit 4

Kabelrudern, schulterbreit + pronierter Griff
3 x 10-12 Reps

6. WHP System

Überblick: Volume Block

Die Hauptaufgabe des **Volume Block** ist der Aufbau von Arbeitskapazität. Die Wiederholungszahlen der Haupt- und Assistenzübungen liegen im Bereich von 5-8 Wiederholungen. Wir arbeiten mit einem linearen Ansatz, d. b. die Rep Range reduziert sich schrittweise im Laufe der 8 Wochen von 8 auf 5 Wiederholungen. Die Anzahl der Arbeitssätze erhöht sich von 3 auf 5 und die Intensität (Gewichtslast) wird ebenfalls gesteigert. Die schweren RM Sätze (Repetition Maximum) steigern sich alle 2-3 Wochen zunächst von einem 6er RM auf ein 5er RM und schließen mit 4er RMs ab. Die letzte Woche des Volume Blocks wird als Deload-Woche abgeschlossen (vgl. dazu S. 58).

Überblick: Strength Block

Es war mir in der Konzeption ein Anliegen, zwei verschiedene Kraftblöcke zu entwickeln. Nicht jeder Powerlifter nimmt regelmäßig an Wettkämpfen teil oder plant dies zum jetzigen Zeitpunkt noch nicht ein. Die **Strength Block Standard Version** und die **Strength Block Competition Version** verteilen die Intensität gleichermaßen nach einem linearen Ansatz, die Wettkampf-Version verlangt zudem einen sogenannten Taper, welcher den Athleten noch spezifischer auf die Anforderungen eines Wettkampfes vorbereitet.

Der Hauptunterschied zum Volume Block liegt nicht allein in der Steigerung der Intensität (Gewichtslast) und der Reduzierung der Rep Ranges. Ein großer Fokus liegt auf der **Spezifität**. Für das Powerlifting bedeutet dies, dass je näher wir in die Nähe eines Krafttests oder Wettkampfes rücken, muss sich das Training den Wettkampfzielen anpassen. Für uns bedeutet dies: Unser Ziel für einen WK liegt im Abliefern eines maximalen 1RM in der Reihenfolge Kniebeuge, Bankdrücken & Kreuzheben. Um diesem Ziel gerecht zu werden, wird die

Reihenfolge der Haupt- und Assistenzübungen der Wettkampfreihen-folge 1.) Squat 2.) Bench und 3.) Deadlift angepasst. Vor jeder Kreuz-hebeeinheit erfolgt eine Kniebeugebewegung, damit der Athlet sein Leistungsvermögen realistischer einschätzen kann und sich an die Vorbelastung gewöhnt.

Spezifität verlangt nach identischen motorischen Mustern. Damit wir unsere Technik noch effizienter einüben, verzichtet der Strength Block im Verlauf der Wochen nach und nach auf Assistenzübungen und rückt den reinen WK-Stil der Disziplinen in den Vordergrund.

Um den hohen Anforderungen an die eigene Regeneration den gebüh-renden Respekt zu zollen, reduzieren sich ebenfalls die Anzahl der Er-gänzungsübungen sowie deren Arbeitssätze.

7. WHP System

VOLUME BLOCK

BLOCK 1	VOLUME BLOCK			
Woche 1			**Woche 2**	
#	**Trainingseinheit 1**		**Trainingseinheit 1**	
1	**Kreuzheben Assistenz 1**	**3 x 8 @7-8**	**Kniebeugen WK-Stil**	**3 x 8 @7-8**
2	**Kniebeugen Assistenz 1**	**3 x 8 @7-8**	**Kreuzheben Assistenz 2**	**3 x 8 @7-8**
3	Beinbizeps	2-4 x 10-12	Beinbizeps	2-4 x 10-12
4	Schulter	2-4 x 10-15	Schulter	2-4 x 10-15
5	Hintere Schulter Traps	2-3 x 12-20	Hintere Schulter Traps	2-3 x 12-20
6	Abs/Core	3-4 x 8-12	Abs/Core	3-4 x 8-12
#	**Trainingseinheit 2**		**Trainingseinheit 2**	
1	**Bankdrücken WK-Stil**	**3 x 8 @7-8**	**Bankdrücken WK-Stil**	**3 x 8 @7-8**
2	Brust	2-4 x 10-15	Brust	2-4 x 10-15
3	Rücken vertikal	3-4 x 8-12	Rücken vertikal	3-4 x 8-12
4	Bizeps	2-4 x 8-12	Bizeps	2-4 x 8-12
5	Trizeps	2-4 x 8-12	Trizeps	2-4 x 8-12
6	Schulterrotatoren	2-3 x 10-20	Schulterrotatoren	2-3 x 10-20
#	**Trainingseinheit 3**		**Trainingseinheit 3**	
1	**Kniebeuge WK-Stil**	**6 RM @9**	**Kreuzheben WK-Stil**	**6 RM @9**
2	**Kniebeugen Assistenz 2**	**3 x 8 @7-8**	**Kniebeugen Assistenz 2**	**3 x 8 @7-8**
3	Beine unilateral	2-4 x 6-12	Beine unilateral	2-4 x 6-12
4	Schulter	2-4 x 8-12	Schulter	2-4 x 8-12
5	Hintere Schulter Traps	2-3 x 12-20	Hintere Schulter Traps	2-3 x 12-20
6	Abs/Core	3-4 x 8-12	Abs/Core	3-4 x 8-12
#	**Trainingseinheit 4**		**Trainingseinheit 4**	
1	**Bankdrücken WK-Stil**	**6 RM @9**	**Bankdrücken Assistenz 1**	**6 RM @9**
2	**Bankdrücken Assistenz 2**	**3 x 8 @7-8**	**Bankdrücken WK-Stil**	**3 x 8 @7-8**
3	Rücken horizontal	3-4 x 8-12	Rücken horizontal	3-4 x 8-12
4	Bizeps	2-4 x 8-12	Bizeps	2-4 x 8-12
5	Trizeps	2-4 x 8-12	Trizeps	2-4 x 8-12
6	Abs/Core	3-4 x 8-12	Abs/Core	3-4 x 8-12

BLOCK 1	VOLUME BLOCK			

Woche 3			Woche 4		
#	Trainingseinheit 1		Trainingseinheit 1		
1	Kreuzheben Assistenz 1	4 x 6 @7-8	Kniebeugen WK-Stil	4 x 6 @7-8	
2	Kniebeugen Assistenz 1	4 x 6 @7-8	Kreuzheben Assistenz 2	4 x 6 @7-8	
3	Beinbizeps	2-4 x 10-12	Beinbizeps	2-4 x 10-12	
4	Schulter	2-4 x 10-15	Schulter	2-4 x 10-15	
5	Hintere Schulter Traps	2-3 x 12-20	Hintere Schulter Traps	2-3 x 12-20	
6	Abs/Core	3-4 x 8-12	Abs/Core	3-4 x 8-12	
#	Trainingseinheit 2		Trainingseinheit 2		
1	Bankdrücken WK-Stil	4 x 6 @7-8	Bankdrücken WK-Stil	4 x 6 @7-8	
2	Brust	2-4 x 10-15	Brust	2-4 x 10-15	
3	Rücken vertikal	3-4 x 8-12	Rücken vertikal	3-4 x 8-12	
4	Bizeps	2-4 x 8-12	Bizeps	2-4 x 8-12	
5	Trizeps	2-4 x 8-12	Trizeps	2-4 x 8-12	
6	Schulterrotatoren	2-3 x 10-20	Schulterrotatoren	2-3 x 10-20	
#	Trainingseinheit 3		Trainingseinheit 3		
1	Kniebeuge WK-Stil	5 RM @9	Kreuzheben WK-Stil	5 RM @9	
2	Kniebeugen Assistenz 2	4 x 6 @7-8	Kniebeugen Assistenz 2	4 x 6 @7-8	
3	Beine unilateral	2-4 x 6-12	Beine unilateral	2-4 x 6-12	
4	Schulter	2-4 x 8-12	Schulter	2-4 x 8-12	
5	Hintere Schulter Traps	2-3 x 12-20	Hintere Schulter Traps	2-3 x 12-20	
6	Abs/Core	3-4 x 8-12	Abs/Core	3-4 x 8-12	
#	Trainingseinheit 4		Trainingseinheit 4		
1	Bankdrücken WK-Stil	5 RM @9	Bankdrücken Assistenz 1	5 RM @9	
2	Bankdrücken Assistenz 2	4 x 6 @7-8	Bankdrücken WK-Stil	4 x 6 @7-8	
3	Rücken horizontal	3-4 x 8-12	Rücken horizontal	3-4 x 8-12	
4	Bizeps	2-4 x 8-12	Bizeps	2-4 x 8-12	
5	Trizeps	2-4 x 8-12	Trizeps	2-4 x 8-12	
6	Abs/Core	3-4 x 8-12	Abs/Core	3-4 x 8-12	

BLOCK 1	VOLUME BLOCK				
Woche 5			**Woche 6**		
#	**Trainingseinheit 1**		**Trainingseinheit 1**		
1	**Kreuzheben Assistenz 1**	**4 x 6 @7-8**	**Kniebeugen WK-Stil**	**5 x 5 @7-8**	
2	**Kniebeugen Assistenz 1**	**4 x 6 @7-8**	**Kreuzheben Assistenz 2**	**3 x 5 @7-8**	
3	Beinbizeps	2-4 x 10-12	Beinbizeps	2-4 x 10-12	
4	Schulter	2-4 x 10-15	Schulter	2-4 x 10-15	
5	Hintere Schulter Traps	2-3 x 12-20	Hintere Schulter Traps	2-3 x 12-20	
6	Abs/Core	3-4 x 8-12	Abs/Core	3-4 x 8-12	
#	**Trainingseinheit 2**		**Trainingseinheit 2**		
1	**Bankdrücken WK-Stil**	**4 x 6 @7-8**	**Bankdrücken WK-Stil**	**5 x 5 @7-8**	
2	Brust	2-4 x 10-15	Brust	2-4 x 10-15	
3	Rücken vertikal	3-4 x 8-12	Rücken vertikal	3-4 x 8-12	
4	Bizeps	2-4 x 8-12	Bizeps	2-4 x 8-12	
5	Trizeps	2-4 x 8-12	Trizeps	2-4 x 8-12	
6	Schulterrotatoren	2-3 x 10-20	Schulterrotatoren	2-3 x 10-20	
#	**Trainingseinheit 3**		**Trainingseinheit 3**		
1	**Kniebeuge WK-Stil**	**5 RM @9**	**Kreuzheben WK-Stil**	**4 RM @9**	
2	**Kniebeugen Assistenz 2**	**4 x 6 @7-8**	**Kniebeugen Assistenz 2**	**5 x 5 @7-8**	
3	Beine unilateral	2-4 x 6-12	Beine unilateral	2-4 x 6-12	
4	Schulter	2-4 x 8-12	Schulter	2-4 x 8-12	
5	Hintere Schulter Traps	2-3 x 12-20	Hintere Schulter Traps	2-3 x 12-20	
6	Abs/Core	3-4 x 8-12	Abs/Core	3-4 x 8-12	
#	**Trainingseinheit 4**		**Trainingseinheit 4**		
1	**Bankdrücken WK-Stil**	**5 RM @9**	**Bankdrücken Assistenz 1**	**4 RM @9**	
2	**Bankdrücken Assistenz 2**	**4 x 6 @7-8**	**Bankdrücken WK-Stil**	**5 x 5 @7-8**	
3	Rücken horizontal	3-4 x 8-12	Rücken horizontal	3-4 x 8-12	
4	Bizeps	2-4 x 8-12	Bizeps	2-4 x 8-12	
5	Trizeps	2-4 x 8-12	Trizeps	2-4 x 8-12	
6	Abs/Core	3-4 x 8-12	Abs/Core	3-4 x 8-12	

BLOCK 1	VOLUME BLOCK				

Woche 7			Woche 8 Deload		
#	Trainingseinheit 1		Trainingseinheit 1		
1	Kreuzheben Assistenz 1	5 x 5 @7-8	Kniebeugen WK-Stil	2 x 5 @7	
2	Kniebeugen Assistenz 1	3 x 5 @7-8	Kreuzheben Assistenz 2	2 x 5 @7	
3	Beinbizeps	2-4 x 10-12	Beinbizeps	2 x 10-12	
4	Schulter	2-4 x 10-15	Schulter	2 x 10-15	
5	Hintere Schulter Traps	2-3 x 12-20	Hintere Schulter Traps	2 x 12-20	
6	Abs/Core	3-4 x 8-12	Abs/Core	2 x 8-12	
#	Trainingseinheit 2		Trainingseinheit 2		
1	Bankdrücken WK-Stil	5 x 5 @7-8	Bankdrücken WK-Stil	2 x 5 @7	
2	Brust	2-4 x 10-15	Brust	2 x 10-15	
3	Rücken vertikal	3-4 x 8-12	Rücken vertikal	2 x 8-12	
4	Bizeps	2-4 x 8-12	Bizeps	2 x 8-12	
5	Trizeps	2-4 x 8-12	Trizeps	2 x 8-12	
6	Schulterrotatoren	2-3 x 10-20	Schulterrotatoren	2 x 10-20	
#	Trainingseinheit 3		Trainingseinheit 3		
1	Kniebeuge WK-Stil	4 RM @9	Kreuzheben WK-Stil	1 x 4 @7	
2	Kniebeugen Assistenz 2	5 x 5 @7-8	Kniebeugen Assistenz 2	2 x 5 @7	
3	Beine unilateral	2-4 x 6-12	Beine unilateral	2 x 6-12	
4	Schulter	2-4 x 8-12	Schulter	2 x 8-12	
5	Hintere Schulter Traps	2-3 x 12-20	Hintere Schulter Traps	2 x 12-20	
6	Abs/Core	3-4 x 8-12	Abs/Core	2 x 8-12	
#	Trainingseinheit 4		Trainingseinheit 4		
1	Bankdrücken WK-Stil	4 RM @9	Bankdrücken Assistenz 1	1 x 4 @8	
2	Bankdrücken Assistenz 2	5 x 5 @7-8	Bankdrücken WK-Stil	2 x 5 @7	
3	Rücken horizontal	3-4 x 8-12	Rücken horizontal	2 x 8-12	
4	Bizeps	2-4 x 8-12	Bizeps	2 x 8-12	
5	Trizeps	2-4 x 8-12	Trizeps	2 x 8-12	
6	Abs/Core	3-4 x 8-12	Abs/Core	2 x 8-12	

© WHITE HAND POWERLIFTING 2024

STRENGTH BLOCK

|Standard Version |

BLOCK 2	STRENGTH BLOCK		STANDARD VERSION	

Woche 9			Woche 10	
#	Trainingseinheit 1		Trainingseinheit 1	
1	Kniebeugen Assistenz 1	3 x 4 @8	Kniebeugen WK-Stil	3 x 4 @8
2	Kreuzheben WK-Stil	3 x 4 @7	Kreuzheben Assistenz 2	3 x 4 @8
3	Beinbizeps	2-4 x 10-12	Beinbizeps	2-4 x 10-12
4	Schulter	2-4 x 10-15	Schulter	2-4 x 10-15
5	Hintere Schulter Traps	2-3 x 12-20	Hintere Schulter Traps	2-3 x 12-20
6	Abs/Core	3-4 x 8-12	Abs/Core	3-4 x 8-12
#	Trainingseinheit 2		Trainingseinheit 2	
1	Bankdrücken WK-Stil	3 x 4 @8	Bankdrücken WK-Stil	3 x 4 @8
2	Brust	2-4 x 10-15	Brust	2-4 x 10-15
3	Rücken vertikal	3-4 x 8-12	Rücken vertikal	3-4 x 8-12
4	Bizeps	2-4 x 8-12	Bizeps	2-4 x 8-12
5	Trizeps	2-4 x 8-12	Trizeps	2-4 x 8-12
6	Schulterrotatoren	2-3 x 10-20	Schulterrotatoren	2-3 x 10-20
#	Trainingseinheit 3		Trainingseinheit 3	
1	Kniebeuge WK-Stil	3 RM @9	Kniebeugen Assistenz 2	3 x 4 @8
2	Kniebeugen Assistenz 2	3 x 4 @8	Kreuzheben WK-Stil	3 RM @9
3	Beine unilateral	2-4 x 6-12	Beine unilateral	2-4 x 6-12
4	Schulter	2-4 x 8-12	Schulter	2-4 x 8-12
5	Hintere Schulter Traps	2-3 x 12-20	Hintere Schulter Traps	2-3 x 12-20
6	Abs/Core	3-4 x 8-12	Abs/Core	3-4 x 8-12
#	Trainingseinheit 4		Trainingseinheit 4	
1	Bankdrücken WK-Stil	3 RM @9	Bankdrücken Assistenz 1	3 RM @9
2	Bankdrücken Assistenz 2	3 x 4 @8	Bankdrücken WK-Stil	3 x 4 @8
3	Rücken horizontal	3-4 x 8-12	Rücken horizontal	3-4 x 8-12
4	Bizeps	2-4 x 8-12	Bizeps	2-4 x 8-12
5	Trizeps	2-4 x 8-12	Trizeps	2-4 x 8-12
6	Abs/Core	3-4 x 8-12	Abs/Core	3-4 x 8-12

BLOCK 2	STRENGTH BLOCK		STANDARD VERSION	
Woche 11			**Woche 12**	
#	**Trainingseinheit 1**		**Trainingseinheit 1**	
1	Kniebeugen Assistenz 1	3 x 3 @8	Kniebeugen WK-Stil	4 x 1 @8
2	Kreuzheben Assistenz 1	3 x 3 @8	Kreuzheben WK-Stil	3 x 2 @7
3	Beinbizeps	2-4 x 10-12	Beinbizeps	2 x 10-12
4	Schulter	2-4 x 10-15	Schulter	2 x 10-15
5	Hintere Schulter Traps	2-3 x 12-20	Hintere Schulter Traps	2 x 12-20
6	Abs/Core	3-4 x 8-12	Abs/Core	3 x 8-12
#	**Trainingseinheit 2**		**Trainingseinheit 2**	
1	Bankdrücken WK-Stil	3 x 3 @8	Bankdrücken WK-Stil	4 x 1 @8
2	Brust	2-4 x 10-15	Brust	2 x 10-15
3	Rücken vertikal	3-4 x 8-12	Rücken vertikal	3 x 8-12
4	Bizeps	2-4 x 8-12	Bizeps	2 x 8-12
5	Trizeps	2-4 x 8-12	Trizeps	2 x 8-12
6	Schulterrotatoren	2-3 x 10-20	Schulterrotatoren	2 x 10-20
#	**Trainingseinheit 3**		**Trainingseinheit 3**	
1	Kniebeuge WK-Stil	2 RM @10	Kniebeugen WK-Stil	3 x 1 @7
2	Kreuzheben WK-Stil	3 x 3 @7	Kreuzheben WK-Stil	2 RM @10
3	Beine unilateral	2-4 x 6-12	Beine unilateral	2 x 6-12
4	Schulter	2-4 x 8-12	Schulter	2 x 8-12
5	Hintere Schulter Traps	2-3 x 12-20	Hintere Schulter Traps	2 x 12-20
6	Abs/Core	3-4 x 8-12	Abs/Core	3 x 8-12
#	**Trainingseinheit 4**		**Trainingseinheit 4**	
1	Bankdrücken WK-Stil	2 RM @10	Bankdrücken Assistenz 1	3 x 2 @8
2	Bankdrücken Assistenz 2	3 x 3 @8	Bankdrücken WK-Stil	4 x 1 @9
3	Rücken horizontal	3-4 x 8-12	Rücken horizontal	3 x 8-12
4	Bizeps	2-4 x 8-12	Bizeps	2 x 8-12
5	Trizeps	2-4 x 8-12	Trizeps	2 x 8-12
6	Abs/Core	3-4 x 8-12	Abs/Core	3 x 8-12

BLOCK 2	STRENGTH BLOCK	STANDARD VERSION
Woche 13 TEST WEEK		

#	Trainingseinheit 1	Montag
1	**Kniebeugen** **WK-Stil**	**3 x 1 @8**
2	**Kreuzheben** **WK-Stil**	**3 x 1 @7**
3	Schulter	2 x 10-15
4	Hintere Schulter Traps	1-2 x 12-20
5	Abs/Core	2 x 8-12

#	Trainingseinheit 2	Dienstag oder Mittwoch
1	**Bankdrücken** **WK-Stil**	**3 x 1 @7**
2	Rücken vertikal	2 x 8-12
3	Schulterrotatoren	1-2 x 10-20
4	Abs/Core	2 x 8-12

#	Trainingseinheit 3	Donnerstag
1	**Kniebeuge** **WK-Stil**	**3 x 1 @7**
2	Hintere Schulter Traps	2 x 12-20

#	Testtag	Samstag oder Sonntag
1	**Kniebeugen**	**1 RM @10**
2	**Bankdrücken**	**1 RM @10**
3	**Kreuzheben**	**1 RM @10**

© WHITE HAND POWERLIFTING 2024

STRENGTH BLOCK

|Competition Version |

BLOCK 2	STRENGTH BLOCK		COMPETITION VERSION	
Woche 9			**Woche 10**	
#	**Trainingseinheit 1**		**Trainingseinheit 1**	
1	Kniebeugen Assistenz 1	3 x 4 @8	Kniebeugen WK-Stil	3 x 4 @8
2	Kreuzheben Assistenz 1	3 x 4 @8	Kreuzheben Assistenz 2	3 x 4 @8
3	Beinbizeps	2-4 x 10-12	Beinbizeps	2-4 x 10-12
4	Schulter	2-4 x 10-15	Schulter	2-4 x 10-15
5	Hintere Schulter Traps	2-3 x 12-20	Hintere Schulter Traps	2-3 x 12-20
6	Abs/Core	3-4 x 8-12	Abs/Core	3-4 x 8-12
#	**Trainingseinheit 2**		**Trainingseinheit 2**	
1	Bankdrücken WK-Stil	3 x 4@8	Bankdrücken WK-Stil	3 x 4 @8
2	Brust	2-4 x 10-15	Brust	2-4 x 10-15
3	Rücken vertikal	3-4 x 8-12	Rücken vertikal	3-4 x 8-12
4	Bizeps	2-4 x 8-12	Bizeps	2-4 x 8-12
5	Trizeps	2-4 x 8-12	Trizeps	2-4 x 8-12
6	Schulterrotatoren	2-3 x 10-20	Schulterrotatoren	2-3 x 10-20
#	**Trainingseinheit 3**		**Trainingseinheit 3**	
1	Kniebeuge WK-Stil	3 RM @9	Kniebeugen Assistenz 2	3 x 4 @8
2	Kreuzheben WK-Stil	3 x 4 @6	Kreuzheben WK-Stil	3 RM @10
3	Beine unilateral	2-4 x 6-12	Beine unilateral	2-4 x 6-12
4	Schulter	2-4 x 8-12	Schulter	2-4 x 8-12
5	Hintere Schulter Traps	2-3 x 12-20	Hintere Schulter Traps	2-3 x 12-20
6	Abs/Core	3-4 x 8-12	Abs/Core	3-4 x 8-12
#	**Trainingseinheit 4**		**Trainingseinheit 4**	
1	Bankdrücken WK-Stil	3 RM@9	Bankdrücken Assistenz 1	3 RM @9
2	Bankdrücken WK-Stil	3 x 4@6	Bankdrücken WK-Stil	3 x 4 @8
3	Rücken horizontal	3-4 x 8-12	Rücken horizontal	3-4 x 8-12
4	Bizeps	2-4 x 8-12	Bizeps	2-4 x 8-12
5	Trizeps	2-4 x 8-12	Trizeps	2-4 x 8-12
6	Abs/Core	3-4 x 8-12	Abs/Core	3-4 x 8-12

BLOCK 2	STRENGTH BLOCK		COMPETITION VERSION	

Woche 11

#	Trainingseinheit 1		Trainingseinheit 1	Montag
1	Kniebeugen Assistenz 1	3 x 3 @8	Kniebeugen WK-Stil	4 x 1 @90% 1RM
2	Kreuzheben Assistenz 1	3 x 3 @8	Kreuzheben WK-Stil	3 x 1 @75% 1RM
3	Beinbizeps	2-4 x 10-12	Beinbizeps	2 x 10-12
4	Schulter	2-4 x 10-15	Schulter	2 x 10-15
5	Hintere Schulter Traps	2-3 x 12-20	Abs/Core	3 x 8-12
6	Abs/Core	3-4 x 8-12		

#	Trainingseinheit 2		Trainingseinheit 2	Dienstag
1	Bankdrücken WK-Stil	3 x 3 @8	Bankdrücken WK-Stil	4 x 1 @90% 1RM
2	Brust	2-4 x 10-15	Hin. Schulter/Traps	2 x 12-20
3	Rücken vertikal	3-4 x 8-12	Trizeps	2 x 8-12
4	Bizeps	2-4 x 8-12	Schulterrotatoren	2 x 10-20
5	Trizeps	2-4 x 8-12		
6	Schulterrotatoren	2-3 x 10-20		

#	Trainingseinheit 3		Trainingseinheit 3	Donnerstag
1	Kniebeuge WK-Stil	2 RM @10	Kniebeugen WK-Stil	3 x 1 @75% 1RM
2	Kreuzheben WK-Stil	3 x 2 @6	Kreuzheben WK-Stil	4 x 1 @90% 1RM
3	Beine unilateral	2-4 x 6-12	Beine unilateral	2 x 4-6
4	Schulter	2-4 x 8-12	Rücken vertikal	3 x 8-12
5	Hin. Schulter/Traps	2-3 x 12-20	Abs/Core	3 x 8-12
6	Abs/Core	3-4 x 8-12		

#	Trainingseinheit 4		Trainingseinheit 4	Samstag
1	Bankdrücken WK-Stil	2 RM @10	Bankdrücken WK-Stil	4 x 1 @90% 1RM
2	Bankdrücken WK-Stil	3 x 2 @7	Rücken horizontal	3 x 8-12
3	Rücken horizontal	3-4 x 8-12	Bizeps	2 x 8-12
4	Bizeps	2-4 x 8-12	Abs/Core	3 x 8-12
5	Trizeps	2-4 x 8-12		
6	Abs/Core	3-4 x 8-12		

Woche 12

© WHITE HAND POWERLIFTING

BLOCK 2	STRENGTH BLOCK	COMPETITION VERSION	

Woche 13			Woche 14 Taper Week		
#	Trainingseinheit 1	Montag	Trainingseinheit 1		Montag
1	Kniebeugen WK-Stil	3 x 1 @93% 1RM	**Kein Training!** Tipp: Regenerative Maßnahmen z. B. leichte Mobility Session		
2	Kreuzheben WK-Stil	3 x 1 @75%			
3	Beinbizeps	2 x 10-12			
4	Schulter	2 x 10-15			
5	Abs/Core	3 x 8-12			
#	Trainingseinheit 2	Dienstag	Trainingseinheit 2		Dienstag
1	Bankdrücken WK-Stil	3 x 1 @93% 1RM	Kniebeuge WK-Stil	3 x 1 @85-86% 1RM	
2	Hin. Schulter Traps	2 x 12-20	Bankdrücken WK-Stil	3 x 1 @85-86% 1RM	
3	Trizeps	2 x 8-12			
4	Schulterrotato.	2 x 10-20			
#	Trainingseinheit	Donnerstag	Trainingseinheit 3 Primer Session		Donnerstag
1	Kniebeugen Assistenz 2	3 x 3 @7	Kniebeuge WK-Stil	2 x 1 @65-70% 1RM	
2	Beine unilateral	2 x 4-6	Bankdrücken WK-Stil	2 x 1 @65-70% 1RM	
3	Bizeps	2 x 8-12	Kreuzheben WK-Stil	2 x 1 @65-70% 1RM	
4	Abs/Core	3-4 x 8-12			
	Trainingseinheit 4	Samstag	**Wettkampf**		Samstag
#	Opener Practice Session				
1	Kniebeuge WK-Stil	1 x 1 @90-94% 1RM	Kniebeuge	Opener:	
2	Bankdrücken WK-Stil	1 x 1 @90-94% 1RM	Bankdrücken	Opener:	
3	Kreuzheben WK-Stil	1 x 1 @90-94% 1RM	Kreuzheben	Opener:	
4	Abs/Core	3 x 8-12	© WHITE HAND POWERLIFTING		

8. WHP System

Hinweise zur Ausgestaltung:
Übungsauswahl Assistenzübungen

Bereits in Kapitel **IV. Taxonomie der Übungsauswahl** (S.21) erfolgte ein Ranking der Assistenzübungen in Bezug zur Stimulus-Fatigue-Ratio sowie der Denkansatz, der deiner Auswahl einer bestimmten Assistenzübung vorausgehen sollte. Ergänzend noch zwei weitere Hinweise dazu:

1) Die Kniebeuge verlangt nach zwei Assistenzübungen, im Plan als »Kniebeugen Assistenz 1« und »Kniebeugen Assistenz 2« aufgeführt. Für welche beiden Übungen du dich entscheidest ist momentan zweitrangig. Wichtig ist aber, dass beide Assistenzen ihren festen Platz in Block 1 und/oder Block 2 behalten. Die Assistenz 1 in Woche 1 sollte dieselbe Assistenz 1 wie in Woche 8 sein. Kein wildes Austauschen, erst nach Beendigung eines Blocks.

2) Assistenzen, die entweder technisch simpler sind (z. B. Safety Bar Squat) oder mehr Gewicht erlauben (Board Press, Block Pulls) empfehlen sich für den Volume Block.
Technisch anspruchsvolle Assistenzen, die den Lift schwerer machen (z.B. Paused Deadlifts, Paused Squats) empfehlen sich im Strength Block zu verwenden, da in diesem Block die Last der Gewichte bei den Hauptübungen für das zentrale Nervensystem bereits recht hoch ist.

Übungsauswahl Ergänzungsübungen

Ergänzungsübungen werden je Muskelpartie ein bis zweimal wöchentlich trainiert. Wenn du bereits einen soliden Background im Krafttraining hast und dich gut mit dem gesamten Spektrum an Übungen für die entsprechenden Muskelpartien auskennst, darfst du dir für den ersten Block zwei Übungen zurechtlegen, die an zwei verschiedenen

Tagen trainiert werden. Wenn du hier nur wenige Übungen kennst, dann nimm dir am besten eine gute Standardübung vor, die du an zwei verschiedenen Tagen pro Woche trainierst.

Die Ergänzungsübungen kannst du alle vier bis acht Wochen austauschen. Das kann zum Beispiel bedeuten, dass *Pushdowns am Seil* durch *French Press mit der EZ-Bar* oder *Dips* ersetzt werden.

Du kannst die Übung auch alle vier bis acht Wochen nur leicht verändern, zum Beispiel *Latpull überschulterbreit + pronierter Griff* durch *Latpull schulterbreit + neutraler Griff.* Ich empfehle dir, die Ergänzungsübungen lieber zu verändern, statt auszutauschen. **Faustregel:** Je fortgeschrittener du bist, sowohl leistungsmäßig als auch übungstechnisch, desto öfter dürfen Änderungen bei den Ergänzungsübungen erfolgen. Dein Skill-Level ist hier dementsprechend hoch.

Starte den Volume Block lieber konservativ und orientiere dich am unteren bis mittleren Bereich der Arbeitssätze. Wenn ich für die Schulter an zwei Tagen pro Woche 2 bis 4 Sätze zu 8 bis 12 Reps empfehle, beginne mit 2 Arbeitssätzen pro Einheit. Alle zwei bis drei Wochen kannst du dann einen weiteren Arbeitssatz hinzufügen. Das Gesamtvolumen einer Einheit sollte deine Regenerationskapazitäten nicht erschöpfen. **Ergänzungsübungen sind wörtlich zu verstehen: Sie ergänzen dein Training. Die folgende Auflistung stuft die Übungen von einer geringen SFR zu einer hohen SFR ein.**

Beinbizeps

Die Ausführung von Romanian Deadlifts sollte in erster Linie als Kreuzhebe-Assistenz dienen, insbesondere für Heber, die die klassische bzw. konventionelle Technik anwenden. RDL weisen einen hohen Fatigue-Faktor auf, weshalb sie als Ergänzungsübung lediglich mit moderater Intensität eingesetzt werden sollten, sofern dies überhaupt erforderlich ist.

Eine sehr anspruchsvolle Übung ist der Nordic Hamstring Curl. Es wird empfohlen, diese Übung nicht mit zu hohen Intensitäten zu trainieren und sie nicht zum Selbstzweck aufzubauen. Die Übung zielt auf den

Aufbau eines starken Beinbizepses sowie die Kräftigung der Kniesehnen ab. Sie stellt jedoch keine magische Wunderübung dar, wie es in den sozialen Medien häufig suggeriert wird. Werbung möchte ich hingegen für Pull Throughs am Kabelzug machen. Kaum eine Übung trifft den Beinbizeps und das Gesäß so gezielt, ohne, dass hohe Lasten verwendet werden müssen.

Beispiele
- Leg Curls, alle Varianten
- Pull Throughs
- Glute-Ham-Raise
- Nordic Hamstring Curl
- RDL

Schulter

Die Military Press weist einen hohen Fatigue-Faktor auf und kann bei hohen Intensitäten oder Volumen das Bankdrücken negativ beeinflussen. Um die Intensität der Gewichtsbelastung gering zu halten, ist es empfehlenswert, in der 10+ Rep Range zu bleiben. In den meisten Fällen rate ich zu Seitheben und/oder zu Schulterdrücken mit KH oder an der Maschine.

Beispiele
- Seitheben, alle Varianten
- Schulterdrücken mit KH oder Maschine
- Behind the neck press
- Military Press

Hintere Schulter & Traps

Halte dich bei Shrugs an die 10+ Rep Range und ziele auf eine punktgenaue Technik und eine gute Kontraktion ab. Ultraschwere Langhantel Shrugs mit 3 x 8 Reps haben einen zu hohen Fatigue-Faktor. Die hinteren Deltamuskeln profitieren immer von Reps im Bereich 12-20.

Beispiele
- Reverse Flies, alle Varianten
- Facepulls, alle Varianten
- Shrugs, alle Varianten

Abs & Core

Wähle Körpergewichtsübungen sowie Übungen, die sich mit Zusatzgewicht ausführen lassen, aus. Ein bis zwei Trainingseinheiten pro Woche können mit einer Körpergewichtsübung für höhere Reps gestaltet werden. Die dritte Einheit darf mit Zusatzgewicht und Reps im unteren Bereich programmiert werden. Das Training der abdominalen Muskulatur ist kein „On-Top-Business", das man nur gelegentlich und mit hohen Reps praktiziert. Dein Rumpf muss genauso stark sein wie dein Rücken. Also trainiere deine Abs entsprechend ernsthaft.

Mein Tipp: Wenn du für den unteren Rücken und/oder das Gesäß zusätzliche Hypertrophiearbeit benötigst, ersetze einfach eine der drei Abs/Core-Einheiten durch folgende Übungen.

Untere Rücken & Gesäß |Beispiele
- Reverse Hyperextension
- 90° Hyperextension
- Hip Thrust + Zusatzgewicht
- 45° Back Extension

Brust

Der Großteil des Bankdrückvolumens wird durch die Haupt- und Assistenzübung vorgegeben sein. Bei allen Ergänzungsübungen für die Brustmuskulatur ist es empfehlenswert, keine hohen Intensitäten auszuführen. Als Orientierung kann die Ausführung von »noch zwei Reps bis zum konzentrischen Muskelversagen« pro Satz dienen (vgl. Ergänzungsübungen & Intensität, S. 31).

Beispiele

- KH Schräg- oder Flachbankdrücken
- Schrägbankdrücken an der Maschine, z. B. Smith Machine (aka Multipresse), Plate Loaded Chest Press, etc.
- Flies, alle Varianten, Cable Cross oder Butterfly-Maschine.

Rücken horizontal

Bei allen Ruderübungen ist darauf zu achten, den unteren Rücken zu entlasten. Dies bedeutet, dass vorgebeugtes Langhantelrudern oder T-Bar Rows für die meisten Trainierenden nicht geeignet sind.

Beispiele

- Kabel- oder Maschinenrudern, alle Varianten
- KH Rudern einarmig
- Chest Supported Rows, alle Varianten

Rücken vertikal

Unter den vertikalen Übungen eignen sich Klimmzüge in besonderem Maße für eine ernsthafte Progression. Klimmzüge sind äußerst anspruchsvoll, auch als Übung mit dem eigenen Körpergewicht. Sie bieten jedoch ein signifikantes Steigerungspotenzial und ermöglichen eine effektive Erholung. Latpull-Varianten dienen nicht dazu, den gesamten Stapel an Steckgewichten mit Schwung zu bewegen. Im Mittelpunkt steht die Erzeugung konstanter Spannung sowie die präzise Kontraktion der Zielmuskulatur. Nach einer gewissen Zeitspanne lässt dieser Effekt nach, sodass in der Regel lediglich eine geringe Modifikation erforderlich ist, beispielsweise hinsichtlich des Griffs oder der Griffweite, um erneut einen effektiven Trainingsreiz zu erzielen.

Beispiele

- Latpull, alle Varianten
- Klimmzüge, alle Varianten

Bizeps

Im Rahmen der Trainingswoche sind zwei Einheiten für ein Bizepstraining vorgesehen. Um ein optimales Training für Fortgeschrittene zu gewährleisten, sollten zwei verschiedene Übungen ausgewählt werden. Trainiere die erste Übung (z. B. Scottcurls) an Tag 2 und die zweite Übung (z. B. Hammer Curls) an Tag 4. Anfänger beschränken sich auf eine Übung, die an zwei Tagen die Woche trainiert wird.

Beispiele

- LH Curls, EZ Bar Curls
- KH Curls stehend
- KH Schrägbankcurls
- Scottcurls/Preacher Curls
- Hammer Curls
- Reverse Curls, alle Varianten

Trizeps

Im Laufe der Trainingswoche sind ebenfalls zwei Einheiten für das Trizepstraining eingeplant. Um eine optimale Wirkung zu erzielen, wird empfohlen, zwei verschiedene Übungen zu trainieren, die an zwei Tagen durchgeführt werden, wie auch beim Bizepstraining. Anfänger können sich zunächst auf eine Übung konzentrieren, die an zwei Tagen absolviert wird.

Mein Tipp: Die Übung *enges Langhantel Bankdrücken* dient vorrangig als Assistenz für das Bankdrücken, nicht als Trizepsübung.

Beispiele

- Pushdowns, verschiedene Griffe
- Trizeps-Extensions über Kopf, u. a. am Kabelzug mit Seil, mit Kurzhanteln oder der EZ-Bar, stehend, sitzend oder liegend.
- Dips

Schulterrotatoren

Unter externalen Rotationsübungen werden alle Varianten zusammengefasst, bei denen eine Rotation des Schultergelenks über den äußeren Rand des Gelenks erfolgt. Der belastende Teil der Ausführung findet demnach mit Zug nach außen statt. Die Ausführung kann mittels verschiedener Geräte, darunter Bänder, Kabelzug und Kurzhanteln, erfolgen.

Beine unilateral

Das WHP System weist eine für das Krafttraining angemessene Beugefrequenz auf. Um das strukturelle und muskuläre Gleichgewicht des Athleten zu fördern, wird empfohlen, eine Übung pro Woche unilateral (also einseitig/einbeinig) zu trainieren. Bei Bulgarian Split Squats (BSS) ist zu beachten, dass es sich um eine Übung mit hohem Ermüdungsgrad handelt. Wenn du, wie die meisten Athleten, nach einer intensiven Trainingseinheit tagelang einen einschränkenden Muskelkater verspürst, reduziere die Intensität oder das Trainingsvolumen dieser Übung. Auch hier gilt: BSS sind keine Wunderwaffe.

Wer zusätzlichen Quadrizeps-Aufbau benötigt, kann anstelle von unilateralen Übungen auch klassische Arbeit an der Beinpresse, Belt Squat Machine oder Hack Squats verrichten. Aus Gründen einer guten Stimulus-Fatigue-Ratio rate ich hier von schweren Langhantelübungen ab.

Beispiele

- Split Squats in allen Varianten
- Lunges in allen Varianten
- Bulgarian Split Squats
- Alternativ: Beinpresse, Belt Squat, Hack Squat

Deload

Das WHP System sieht am Ende des ersten Blocks, in Woche 8, einen festen Deload vor (vgl. S. 42). Dieser Deload trennt die beiden Blöcke »Volume« und »Strength« und sorgt für eine moderate Erholung.

Es gibt zwei Möglichkeiten, einen Deload zu organisieren: Ein Volumen-Deload oder ein Intensitäts-Deload. Die vorausgegangenen 7 Wochen haben das Volumen der Trainingseinheiten erhöht, sowohl bei den Wettkampfübungen als auch bei den Assistenzübungen. Im Idealfall führt das erhöhte Volumen in Verbindung mit der kontinuierlich gesteigerten Intensität zu Kraft- und Muskelzuwächsen. Wir wissen aber auch, dass diese Steigerungen weder linear noch unendlich sind, da sich eine lokale oder globale Ermüdung einstellen wird, die den Fortschritt bremst.

Hier kommt die Entlastung ins Spiel. Mit einer Deload-Woche reduzieren wir die Ermüdung und ermöglichen es dem Körper, seine Leistungssteigerung zu realisieren. Wenn sich in den letzten 7 Wochen Ermüdungserscheinungen angesammelt haben, sind wir nicht in der Lage, unser volles Potenzial auszuschöpfen: Wir können keine höheren Gewichte bewältigen oder schaffen die geplanten Wiederholungen nicht. Um die Ermüdung kurzfristig in den Griff zu bekommen, geschieht das Folgende: Das Volumen der Wettkampf- und Assistenzübungen wird um ca. 50-60% reduziert, die Intensität nur um 5 bis maximal 10%. In dieser Phase der Trainingsplanung ergibt ein Volumen-Deload mehr Sinn, da wir über viele Wochen ein entsprechendes Volumen aufgebaut haben. Ein Intensitäts-Deload kommt in der Regel erst am Ende eines Kraftblocks, kurz vor einem Test oder Wettkampf, in Form eines Tapers ins Spiel.

Uncool. Aber wichtig!

Wenn es dir öfters geht wie mir, findest du alles, was man unter einem Deload versteht, uncool – außer man ist im Urlaub oder krank, dann ist es in Ordnung. Jahrelang habe ich das so empfunden. Wenn in einem Trainingsprogramm geplante Deloads vorgesehen waren, habe ich das lediglich als Empfehlung des Autors verstanden. Oft war ich der Meinung, wer geplante Deloads benötigt, hat die Sache mit der Autoregulation nicht verstanden und kennt nur das Training mit Vollgas.

»Alles Idioten! Außer mir.«
Markus Beuter
2013

Ja, vor über zehn Jahren war dies mein Credo, wenn hitzig über Deload-Maßnahmen diskutiert wurde. Aber man lernt dazu. Sogar ich.

Also vertraue meinen Worten, wenn ich dir sage, dass ein Deload ernstgenommen werden sollte. Klar, wenn es gerade gut läuft, ist man oft wenig erfreut, im anstehenden Deload wirklich nur ein reduziertes Training zu verfolgen. Versuche das Ganze mal aus diesen zwei Perspektiven zu sehen:

1) Wenn du nach mehreren Wochen harten Trainings fühlst, du hättest noch eine starke Trainingswoche in dir, dann kommt der Deload genau zur richtigen Zeit. Dann genügt eine Woche. Wenn du dich mit letzter Kraft in den Deload rettest, hättest du diesen Deload bereits vor ein oder zwei Wochen nötig gehabt.

2) Betrachte den Deload nicht als »Phase der angezogenen Handbremse«, die sich komplett von deinem Training unterscheidet. Versuche zu verstehen, dass der Deload eine erprobte Methode ist, um weiterhin deinen Fortschritt und deine Verletzungsfreiheit zu sichern.

Du gehst einen kleinen Schritt zurück und wirst anschließend mit zwei starken Schritten wieder nach vorne gehen können.

Mein Tipp: Für die **Trainingseinheit #1** reduziere in der Kniebeuge die Last um ca. 5% zur Vorwoche und führe 2 x 5 Reps @RPE 7 aus.
Die nachfolgende Kreuzheben-Assistenz 2 wird mit demselben Gewicht absolviert wie in Woche 7, jedoch nur mit 2 x 5 Reps @RPE 7.

Das Gewicht in **Trainingseinheit #2** beim Bankdrücken bleibt identisch zur Vorwoche, reduziert sich aber von 5 x 5 Reps auf 2 x 5 Reps @RPE 7.

In **Trainingseinheit #3** (Kreuzheben + Kniebeugen-Assistenz 2) reduzierst du dein aktuelles 4RM im Kreuzheben um 10%. Es soll hier weniger ZNS-Stress provoziert werden. Beim Kreuzheben werden im Deload anstelle des harten 4RM @RPE 9 nur 1 x 4 Reps @RPE 7 abgeprüft. Das ist fast schon Urlaub. Die sich anschließende Assistenzübung wird mit 2 x 5 Reps @RPE 7 trainiert.

Für die letzte **Trainingseinheit #4** in dieser Woche ist die Bankdrücken-Assistenz 1 an der Reihe. Reduziere hier dein aktuelles 4RM @RPE 9 ebenfalls um ca. 10% und führe technisch perfekte 1 x 4 Reps @RPE 8 aus.
Das anschließende Bankdrücken im WK-Stil ist identisch mit der Trainingseinheit #2 aus dieser Woche: 2 x 5 Reps, selbes Gewicht wie in TE #2.

Bei den **Ergänzungsübungen** gibt es keinen Grund, sie zu vernachlässigen. Aber auch hier werden wir das Arbeitsvolumen um 25 bis 50 Prozent verringern. Bitte bedenke, der Deload ist nicht der richtige Zeitpunkt, um die Intensität zu erhöhen, um damit den reduzierten Umfang zu kompensieren. Hand drauf, mein Freund!

9. Planungsbeispiel

VOLUME BLOCK

BLOCK 1	VOLUME BLOCK				
Woche 1			**Woche 2**		
#	**Trainingseinheit 1**		**Trainingseinheit 1**		
1	**7cm Defizit Kreuzheben**	**3 x 8 @7-8**	**Kniebeugen WK-Stil**	**3 x 8 @7-8**	
2	**Kniebeugen 2sec pausiert**	**3 x 8 @7-8**	**Romanian Deadlifts**	**3 x 8 @7-8**	
3	Leg Curls liegend	2 x 10-12	Beinbizeps	2 x 10-12	
4	Seitheben	2 x 10-15	Schulter	2 x 10-15	
5	Reverse Flies	2 x 12-20	Hintere Schulter Traps	2 x 12-20	
6	Ab Roll Outs	3 x 8-12	Abs/Core	3 x 8-12	
#	**Trainingseinheit 2**		**Trainingseinheit 2**		
1	**Bankdrücken WK-Stil**	**3 x 8 @7-8**	**Bankdrücken WK-Stil**	**3 x 8 @7-8**	
2	KH Schrägbank	2 x 10-15	KH Schrägbank	2 x 10-15	
3	Kabelrudern eng	3 x 8-12	Kabelrudern eng	3 x 8-12	
4	Scottcurls	2 x 8-12	Scottcurls	2 x 8-12	
5	Dips	2 x 8-12	Dips	2 x 8-12	
6	Schulterrotatoren	2 x 10-20	Schulterrotatoren	2 x 10-20	
#	**Trainingseinheit 3**		**Trainingseinheit 3**		
1	**Kniebeuge WK-Stil**	**6 RM @9**	**Kreuzheben WK-Stil**	**6 RM @9**	
2	**Safety Bar Squat**	**3 x 8 @7-8**	**Safety Bar Squat**	**3 x 8 @7-8**	
3	Bulgarian S. Squat	2 x 6-12	Bulgarian S. Squat	2 x 6-12	
4	Seitheben Kabel	2 x 8-12	Seitheben Kabel	2 x 8-12	
5	Facepulls	2 x 12-20	Facepulls	2 x 12-20	
6	Crunch + Gewicht	3 x 8-12	Crunch + Gewicht	3 x 8-12	
#	**Trainingseinheit 4**		**Trainingseinheit 4**		
1	**Bankdrücken WK-Stil**	**6 RM @9**	**Bankdrücken Touch´n go**	**6 RM @9**	
2	**Schrägbank- drücken**	**3 x 8 @7-8**	**Bankdrücken WK-Stil**	**3 x 8 @7-8**	
3	Klimmzüge neutral	3 x 8-12	Klimmzüge neutral	3 x 8-12	
4	55° Bank KH Curls	2 x 8-12	55° Bank KH Curls	2 x 8-12	
5	Trizepsextensions Überkopf + Seil	2 x 8-12	Trizepsextensions Überkopf + Seil	2 x 8-12	
6	Beinheben	3 x 8-12	Beinheben	3 x 8-12	

BLOCK 1	VOLUME BLOCK				

Woche 3			Woche 4		
#	**Trainingseinheit 1**		**Trainingseinheit 1**		
1	7cm Defizit Kreuzheben	4 x 6 @7-8	Kniebeugen WK-Stil	4 x 6 @7-8	
2	Kniebeugen 2sec pausiert	4 x 6 @7-8	Romanian Deadlifts	4 x 6 @7-8	
3	Leg Curls liegend	3 x 10-12	Beinbizeps	3 x 10-12	
4	Seitheben	3 x 10-15	Schulter	3 x 10-15	
5	Reverse Flies	2 x 12-20	Hintere Schulter Traps	2 x 12-20	
6	Ab Roll Outs	3 x 8-12	Abs/Core	3 x 8-12	
#	**Trainingseinheit 2**		**Trainingseinheit 2**		
1	Bankdrücken WK-Stil	4 x 6 @7-8	Bankdrücken WK-Stil	4 x 6 @7-8	
2	KH Schrägbank	3 x 10-15	KH Schrägbank	3 x 10-15	
3	Kabelrudern eng	3 x 8-12	Kabelrudern eng	4 x 8-12	
4	Scottcurls	2 x 8-12	Scottcurls	3 x 8-12	
5	Dips	2 x 8-12	Dips	3 x 8-12	
6	Schulterrotatoren	2 x 10-20	Schulterrotatoren	2 x 10-20	
#	**Trainingseinheit 3**		**Trainingseinheit 3**		
1	Kniebeuge WK-Stil	5 RM @9	Kreuzheben WK-Stil	5 RM @9	
2	Safety Bar Squat	4 x 6 @7-8	Safety Bar Squat	4 x 6 @7-8	
3	Bulgarian S. Squat	2 x 6-12	Bulgarian S. Squat	2 x 6-12	
4	Seitheben Kabel	2 x 8-12	Seitheben Kabel	3 x 8-12	
5	Facepulls	2 x 12-20	Facepulls	3 x 12-20	
6	Crunch + Gewicht	4 x 8-12	Crunch + Gewicht	4 x 8-12	
#	**Trainingseinheit 4**		**Trainingseinheit 4**		
1	Bankdrücken WK-Stil	5 RM @9	Bankdrücken Touch´n go	5 RM @9	
2	Schrägbankdrücken	4 x 6 @7-8	Bankdrücken WK-Stil	4 x 6 @7-8	
3	Klimmzüge neutral	3 x 8-12	Klimmzüge neutral	3 x 8-12	
4	55° Bank KH Curls	2 x 8-12	55° Bank KH Curls	3 x 8-12	
5	Trizepsextensions Überkopf + Seil	2 x 8-12	Trizepsextensions Überkopf + Seil	3 x 8-12	
6	Beinheben	3 x 8-12	Beinheben	3 x 8-12	

BLOCK 1	VOLUME BLOCK			

Woche 5			Woche 6		
#	Trainingseinheit 1			Trainingseinheit 1	
1	7cm Defizit Kreuzheben	4 x 6 @7-8		Kniebeugen WK-Stil	5 x 5 @7-8
2	Kniebeugen 2sec pausiert	4 x 6 @7-8		Romanian Deadlifts	3 x 5 @7-8
3	Leg Curls liegend	4 x 10-12		Leg Curls liegend	4 x 10-12
4	Seitheben	3 x 10-15		Seitheben	3 x 10-15
5	Reverse Flies	3 x 12-20		Reverse Flies	3 x 12-20
6	Ab Roll Outs	4 x 8-12		Ab Roll Outs	4 x 8-12
#	Trainingseinheit 2			Trainingseinheit 2	
1	Bankdrücken WK-Stil	4 x 6 @7-8		Bankdrücken WK-Stil	5 x 5 @7-8
2	KH Schrägbank	4 x 10-15		KH Schrägbank	4 x 10-15
3	Kabelrudern eng	4 x 8-12		Kabelrudern eng	4 x 8-12
4	Scottcurls	3 x 8-12		Scottcurls	3 x 8-12
5	Dips	3 x 8-12		Dips	3 x 8-12
6	Schulterrotatoren	2 x 10-20		Schulterrotatoren	2 x 10-20
#	Trainingseinheit 3			Trainingseinheit 3	
1	Kniebeuge WK-Stil	5 RM @9		Kreuzheben WK-Stil	4 RM @9
2	Safety Bar Squat	4 x 6 @7-8		Safety Bar Squat	5 x 5 @7-8
3	Bulgarian S. Squat	3 x 6-12		Bulgarian S. Squat	3 x 6-12
4	Seitheben Kabel	3 x 8-12		Seitheben Kabel	3 x 8-12
5	Facepulls	3 x 12-20		Facepulls	3 x 12-20
6	Crunch + Gewicht	4 x 8-12		Crunch + Gewicht	4 x 8-12
#	Trainingseinheit 4			Trainingseinheit 4	
1	Bankdrücken WK-Stil	5 RM @9		Bankdrücken Touch´n go	4 RM @9
2	Schrägbank- drücken	4 x 6 @7-8		Bankdrücken WK-Stil	5 x 5 @7-8
3	Klimmzüge neutral	4 x 8-12		Klimmzüge neutral	4 x 8-12
4	55° Bank KH Curls	3 x 8-12		55° Bank KH Curls	3 x 8-12
5	Trizepsextensions Überkopf + Seil	3 x 8-12		Trizepsextensions Überkopf + Seil	3 x 8-12
6	Beinheben	3 x 8-12		Beinheben	3 x 8-12

BLOCK 1	VOLUME BLOCK			
Woche 7			**Woche 8 Deload**	
#	**Trainingseinheit 1**		**Trainingseinheit 1**	
1	**7cm Defizit Kreuzheben**	5 x 5 @7-8	**Kniebeugen WK-Stil**	2 x 5 @7
2	**Kniebeugen 2sec pausiert**	3 x 5 @7-8	**Romanian Deadlifts**	2 x 5 @7
3	Leg Curls liegend	4 x 10-12	Leg Curls liegend	2 x 10-12
4	Seitheben	3 x 10-15	Seitheben	2 x 10-15
5	Reverse Flies	3 x 12-20	Reverse Flies	2 x 12-20
6	Ab Roll Outs	4 x 8-12	Ab Roll Outs	2 x 8-12
#	**Trainingseinheit 2**		**Trainingseinheit 2**	
1	**Bankdrücken WK-Stil**	5 x 5 @7-8	**Bankdrücken WK-Stil**	2 x 5 @7
2	KH Schrägbank	4 x 10-15	KH Schrägbank	2 x 10-15
3	Kabelrudern eng	4 x 8-12	Kabelrudern eng	2 x 8-12
4	Scottcurls	3 x 8-12	Scottcurls	2 x 8-12
5	Dips	3 x 8-12	Dips	2 x 8-12
6	Schulterrotatoren	2 x 10-20	Schulterrotatoren	2 x 10-20
#	**Trainingseinheit 3**		**Trainingseinheit 3**	
1	**Kniebeuge WK-Stil**	4 RM @9	**Kreuzheben WK-Stil**	1 x 4 @7
2	**Safety Bar Squat**	5 x 5 @7-8	**Safety Bar Squat**	2 x 5 @7
3	Bulgarian S. Squat	3 x 6-12	Bulgarian S. Squat	2 x 6-12
4	Seitheben Kabel	3 x 8-12	Seitheben Kabel	2 x 8-12
5	Facepulls	3 x 12-20	Facepulls	2 x 12-20
6	Crunch + Gewicht	4 x 8-12	Crunch + Gewicht	2 x 8-12
#	**Trainingseinheit 4**		**Trainingseinheit 4**	
1	**Bankdrücken WK-Stil**	4 RM @9	**Bankdrücken Touch´n go**	1 x 4 @8
2	**Schrägbank- drücken**	5 x 5 @7-8	**Bankdrücken WK-Stil**	2 x 5 @7
3	Klimmzüge neutral	4 x 8-12	Klimmzüge neutral	2 x 8-12
4	55° Bank KH Curls	3 x 8-12	55° Bank KH Curls	2 x 8-12
5	Trizepsextensions Überkopf + Seil	3 x 8-12	Trizepsextensions Überkopf + Seil	2 x 8-12
6	Beinheben	3 x 8-12	Beinheben	2 x 8-12

© WHITE HAND POWERLIFTING 2024

10. Planungsbeispiel

STRENGTH BLOCK

|Standard Version |

BLOCK 2	STRENGTH BLOCK		STANDARD VERSION	
Woche 9			**Woche 10**	
#	**Trainingseinheit 1**		**Trainingseinheit 1**	
1	**Kniebeugen 2sec pausiert**	**3 x 4 @8**	**Kniebeugen WK-Stil**	**3 x 4 @8**
2	**Kreuzheben WK-Stil**	**3 x 4 @7**	**Romanian Deadlifts**	**3 x 4 @8**
3	Leg Curls liegend	3 x 10-12	Leg Curls liegend	3 x 10-12
4	Seitheben	3 x 10-15	Seitheben	3 x 10-15
5	Reverse Flies	3 x 12-20	Reverse Flies	3 x 12-20
6	Ab Roll Outs	3 x 8-12	Ab Roll Outs	3 x 8-12
#	**Trainingseinheit 2**		**Trainingseinheit 2**	
1	**Bankdrücken WK-Stil**	**3 x 4 @8**	**Bankdrücken WK-Stil**	**3 x 4 @8**
2	KH Schrägbank	3 x 10-15	KH Schrägbank	3 x 10-15
3	Kabelrudern eng	3 x 8-12	Kabelrudern eng	3 x 8-12
4	Scottcurls	3 x 8-12	Scottcurls	3 x 8-12
5	Dips	3 x 8-12	Dips	3 x 8-12
6	Schulterrotatoren	2 x 10-20	Schulterrotatoren	2 x 10-20
#	**Trainingseinheit 3**		**Trainingseinheit 3**	
1	**Kniebeuge WK-Stil**	**3 RM @9**	**Safety Bar Squat**	**3 x 4 @8**
2	**Safety Bar Squat**	**3 x 4 @8**	**Kreuzheben WK-Stil**	**3 RM @9**
3	Bulgarian S. Squat	2 x 6-12	Bulgarian S. Squat	2 x 6-12
4	Seitheben Kabel	3 x 8-12	Seitheben Kabel	3 x 8-12
5	Facepulls	3 x 12-20	Facepulls	3 x 12-20
6	Crunch + Gewicht	3 x 8-12	Crunch + Gewicht	3 x 8-12
#	**Trainingseinheit 4**		**Trainingseinheit 4**	
1	**Bankdrücken WK-Stil**	**3 RM @9**	**Bankdrücken Touch´n go**	**3 RM @9**
2	**Schrägbank- drücken**	**3 x 4 @8**	**Bankdrücken WK-Stil**	**3 x 4 @8**
3	Klimmzüge supiniert	3 x 8-12	Klimmzüge supiniert	3 x 8-12
4	55° Bank KH Curls	3 x 8-12	55° Bank KH Curls	3 x 8-12
5	Pushdowns Seil	3 x 8-12	Pushdowns Seil	3 x 8-12
6	Beinheben	3 x 8-12	Beinheben	3 x 8-12

BLOCK 2	STRENGTH BLOCK			STANDARD VERSION

Woche 11			Woche 12	
#	Trainingseinheit 1		Trainingseinheit 1	
1	Kniebeugen 2sec pausiert	3 x 3 @8	Kniebeugen WK-Stil	4 x 1 @8
2	Block Pulls unterhalb d. Knie	3 x 3 @8	Kreuzheben WK-Stil	3 x 2 @7
3	Leg Curls liegend	3 x 10-12	Leg Curls liegend	2 x 10-12
4	Seitheben	3 x 10-15	Seitheben	2 x 10-15
5	Reverse Flies	3 x 12-20	Reverse Flies	2 x 12-20
6	Ab Roll Outs	3 x 8-12	Ab Roll Outs	3 x 8-12
#	Trainingseinheit 2		Trainingseinheit 2	
1	Bankdrücken WK-Stil	3 x 3 @8	Bankdrücken WK-Stil	4 x 1 @8
2	KH Schrägbank	3 x 10-15	KH Schrägbank	2 x 10-15
3	Kabelrudern eng	3 x 8-12	Kabelrudern eng	3 x 8-12
4	Scottcurls	3 x 8-12	Scottcurls	2 x 8-12
5	Dips	3 x 8-12	Dips	2 x 8-12
6	Schulterrotatoren	2 x 10-20	Schulterrotatoren	2 x 10-20
#	Trainingseinheit 3		Trainingseinheit 3	
1	Kniebeuge WK-Stil	2 RM @10	Kniebeuge WK-Stil	3 x 1 @7
2	Kreuzheben WK-Stil	3 x 3 @7	Kreuzheben WK-Stil	2 RM @10
3	Bulgarian S. Squat	2 x 6-12	Bulgarian S. Squat	2 x 6-12
4	Seitheben Kabel	3 x 8-12	Seitheben Kabel	2 x 8-12
5	Facepulls	3 x 12-20	Facepulls	2 x 12-20
6	Crunch + Gewicht	3 x 8-12	Crunch + Gewicht	3 x 8-12
#	Trainingseinheit 4		Trainingseinheit 4	
1	Bankdrücken WK-Stil	2 RM @10	Bankdrücken Touch´n go	3 x 2 @8
2	Schrägbank-drücken	3 x 3 @8	Bankdrücken WK-Stil	4 x 1 @9
3	Klimmzüge supiniert	3 x 8-12	Klimmzüge supiniert	3 x 8-12
4	55° Bank KH Curls	3 x 8-12	55° Bank KH Curls	2 x 8-12
5	Pushdowns Seil	3 x 8-12	Pushdowns Seil	2 x 8-12
6	Beinheben	3 x 8-12	Beinheben	3 x 8-12

BLOCK 2	STRENGTH BLOCK	STANDARD VERSION

Woche 13 TEST WEEK

#	Trainingseinheit 1	Montag
1	Kniebeugen WK-Stil	3 x 1 @8
2	Kreuzheben WK-Stil	3 x 1 @7
3	Seitheben	2 x 10-15
4	Reverse Flies	1 x 12-20
5	Ab Roll Outs	2 x 8-12

#	Trainingseinheit 2	Dienstag oder Mittwoch
1	Bankdrücken WK-Stil	3 x 1 @7
2	Kabelrudern eng	2 x 8-12
3	Schulterrotatoren	2 x 10-20
4	Crunch + Gewicht	2 x 8-12

#	Trainingseinheit 3	Donnerstag
1	Kniebeuge WK-Stil	3 x 1 @7
2	Facepulls	2 x 12-20

#	Testtag	Samstag oder Sonntag
1	Kniebeugen	1 RM @10
2	Bankdrücken	1 RM @10
3	Kreuzheben	1 RM @10

© WHITE HAND POWERLIFTING 2024

10. Outro

Das WHP System führt die Tradition klassischer Templates fort, wie es bereits Westside Barbell, 5/3/1 oder Reactive Training Systems gemacht haben. Ein Template ist kein Cookie-Cutter-Program, welches sich direkt 1:1 kopieren und umsetzen lässt. Es gibt eine Grundausrichtung, die erfolgreich erprobt wurde. Individuelle Anpassungen werden durch die Auswahl der Assistenzübungen und der Ergänzungsübungen vorgenommen. Das Volumen der Ergänzungsübungen entscheidet über das Gesamtvolumen einer jeden Trainingseinheit, das Volumen der Wettkampf- und Ergänzungsübungen ist bereits vorgegeben. Somit teile ich die Verantwortung einigermaßen fair zwischen uns beiden auf. Das bedeutet, ich kann dir versprechen, dass die Frequenz, die Intensität und das Volumen für die Wettkampfübungen und ihre Assistenzen zielführend zusammengestellt sind. Hier wird nichts manipuliert – weder die Sätze noch die Reps.

Mein Angebot in Sachen Ergänzungsübungen überträgt einen Teil der Verantwortung auf dich. Versprich mir, dass du den vernünftigen Weg einschlagen wirst!

»DON´T DO STUPID SHIT!«

Lerne das Programm kennen. Lerne dich kennen und wie du darauf reagieren und dich anpassen wirst.

Nimm meine Empfehlungen ernst, hier wurde nichts nach dem Zufallsprinzip entwickelt. Starte konservativ in das Programm, lade im Zweifel etwas weniger Last auf die Stange und verzichte zu Beginn auf die ein oder andere Ergänzungsübung am Ende. Wenn du spürst, dass dein Drive und deine Konzentration nachlassen, absolviere noch einen starken Satz und geh unter die Dusche.

Ich wünsche dir von Herzen
eine gesunde & lange Reise
im tollsten Sport der Welt!

Sorge dafür, dass es dir niemals
langweilig erscheinen wird,
kontinuierlich an dir zu arbeiten.

Markus Beuter
im Sommer 2024

Kontakt & Medien

Der Autor

Seit seiner ersten Veröffentlichung im Jahr 2017 hat sich Markus Beuter auf die Analyse von renommierten Trainingsprogrammen im Kraftsport, insbesondere im Powerlifting, spezialisiert. Diese Expertise hat er bereits in drei Büchern veröffentlicht. Das WHP SYSTEM ist das Ergebnis seiner eigenen Trainingspraxis als Powerlifter und Coach sowie seiner Kenntnis der internationalen Programmlandschaft und Forschungslage.

POWERLIFTING TRAINING
EINE EINFÜHRUNG IN DIE WICHTIGSTEN PROGRAMME ALLER ZEITEN

In der 2. Auflage gibt es über 90 neue und exklusive Seiten, ergänzt und aktualisiert, zu entdecken! Inklusive des neuen Kapitels »Programme anpassen« sowie »Westside For Skinny Bastards« von Joe DeFranco.

Dieses praxisbezogene Nachschlagewerk ist ideal für Einsteiger und Fortgeschrittene, die den Überblick über die internationale Programmlandschaft behalten wollen und nach dem richtigen Trainingssystem für ihre Bedürfnisse suchen. Sportwissenschaftliche Grundlagen des Krafttrainings, Trainingsvariablen und Periodisierungskonzepte werden praxisnah thematisiert.

Es warten 24 ausführliche Besprechungen zu den wichtigsten und bekanntesten Powerlifting und Basic Strength Programmen, inklusive Beispielplänen. Das Buch bietet detaillierte Analysen, Hintergründe und Empfehlungen zu bewährten Systemen, u.a. von Westside Barbell, Squat Every Day, Sheiko, Smolov, 5 x 5 Routinen, Starting Strength, Texas Method oder Jim Wendlers 5/3/1.

Auch die neuen Klassiker von Mike Tuchscherer (RTS), Brandon Lilly (Cube Method), Bryce Krawczyk (Calgary Barbell), Jonnie Candito (Candito Training HQ), Chad Wesley Smith (Juggernaut Training Systems), Paul Carter (Lift Run Bang) oder Francesco Virzi (Powerlifting Academy), sind hier vertreten.

BoD – Books on Demand
2. Edition (25. Mai 2022)
Taschenbuch 420 Seiten
ISBN-13 : 978-3755767046

E-Mail

markus@beuter.org

Social Media

@Instagram
@Facebook
@Youtube
@Amazon Autor
@Spotify |Playlist White Hand Powerlifting

Überall zu finden, wo es Podcasts gibt

»STRONGER THAN YOU«
by Olaf Mann
Real Talk Episoden mit
Markus Beuter & Olaf Mann

»THERAPIE & TRAINING TALK | TWUP«
by Wolfgang Unsöld
Episode #35
Episode #82 Teil 1
Episode #83 Teil 2

»INVEST IN STRENGTH«
by Max Obrocki
Episode #59